大展好書　好書大展
品嘗好書　冠群可期

大展好書　好書大展
品嘗好書　冠群可期

形意
大成 拳系列 5

意拳拳學
（大成拳）

王薌齋　創始
劉　濤　李全有　編輯整理

大展出版社有限公司

意拳（大成拳）創始人王薌齋先生

忠信拳意鍛弘振

孝義拳煉揚興

仁和服正身國中

愛平宗體粹華

意拳宗師王薌齋先生提倡的武德精神

王薌齋先生練獨立守神樁功

王薌齋先生與部分弟子合影

部分二代、三代弟子合影

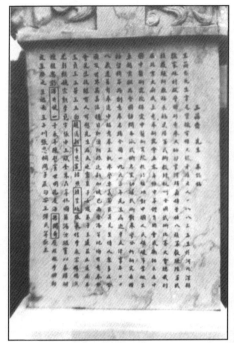

一九九三年意拳（大成拳）同門在北京爲王薌齋先生重立墓志銘

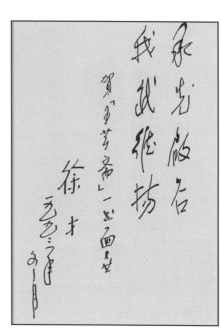

承先啟后
我武維揚

賀「王芗齋」一畫冊志

徐才
一九九三年元月

气功療法人人可行
不花錢不費事可以
却病可以強身可以
全生可以延年

讚恩銘

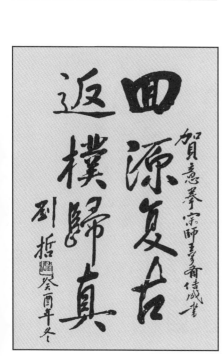

返樸歸真
回源复古

賀意拳宗師王芗齋傳成書

刘哲
癸酉年冬

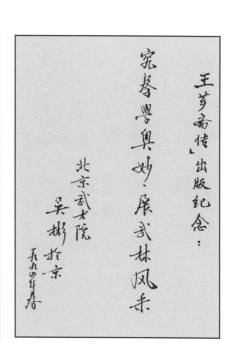

王芗齋傳 出版紀念：

宏拳學奧妙、展武林風采

北京武術院
吳彬於北京
一九九0年春

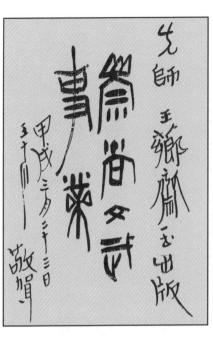

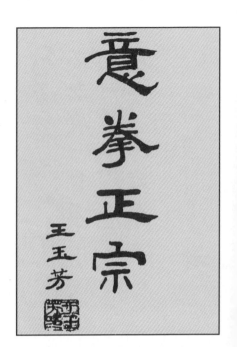

意拳正宗

王玉芳

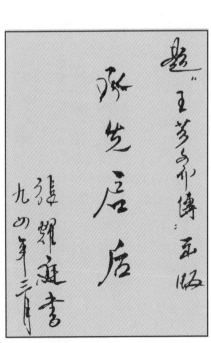

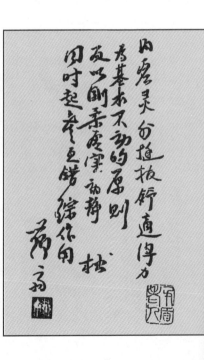

王玉芳女士

姚宗勳先生

王斌魁先生

李見宇先生

意拳部分二代三代傳人

王玉芳　　霍震寰　　劉　濤　　李全有

姚承光　　薄家驄　　崔瑞斌　　姚承榮

劉普雷　　白金甲　　王金銘　　李敏生

武小南　　魏玉柱　　白學政　　李鴻錦

　　意拳二代傳人有：韓星橋、韓星恒、趙道新、李永宗、姚宗勛、于永年、李見宇、趙華航、楊紹更、朱繞亭、寶世明、孫闖泉、長志郎、王斌魁、孫聞青、李志良、張中、張長信、韓嗣煌、朴恩富等。

　　尚有很多成名三代弟子因聯繫不上，而無法一一列舉，請諒解。

王玉芳與霍震寰（左）、李杰（右）

王玉芳與師兄弟及部分弟子

王玉芳在大會講話

王玉芳在講演

王玉芳武功演示

王玉芳與秘靜克

王玉芳武功演示

王玉芳武功演示

王玉芳與家人

王玉芳與家人

王玉芳與家人

王玉芳之女金秋華

王玉芳老師和張中先生及部分
弟子在薄家聽武館合影

王玉芳與王永祥等

王玉芳與王永祥、王永利等

王玉芳與王永祥等

王玉芳老師與外國友人

王玉芳老師在教習中

王玉芳與師弟及部分第三代弟子

王玉芳與常志郎

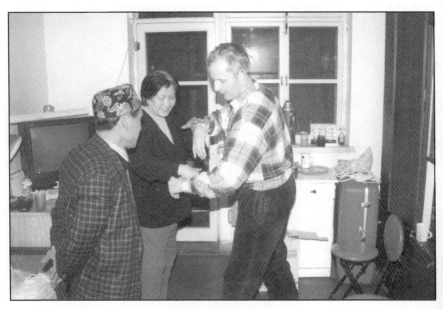

王玉芳老師在教習中

王玉芳在家中暢談武學

王玉芳老師教弟子練習矛盾樁

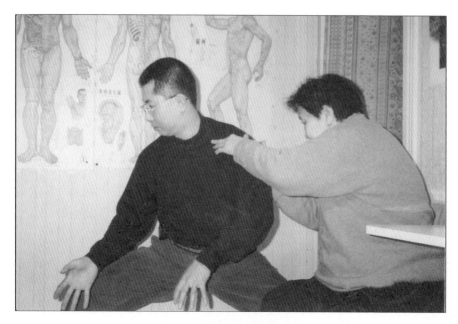

王玉芳老師爲患者治療

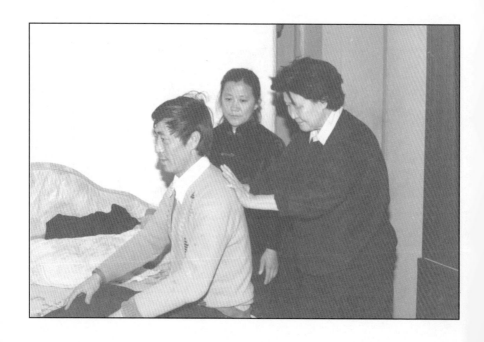

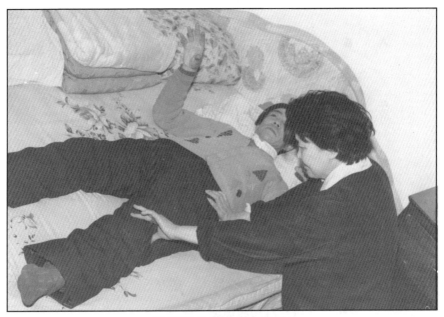

王玉芳老師爲患者治療

患者康復後合影留念

王玉芳老師與親傳弟子劉濤、李全有

紀念意拳宗師王薌齋先生誕辰 115 周年之際，
王玉芳老師與部分弟子合影

劉濤、和振威與王玉芳老師合影

劉濤與第四代弟子看望王玉芳老師

劉濤演示降龍樁

劉濤做拳雄姿

李全有演示伏虎椿

李全有做拳之神態

劉濤、李全有及部分弟子合影

李全有教習學員站混圓椿

劉濤教習學員做試力

和振威在巴黎教學

和振威帶領學員站混圓椿

張慶明、朱江等師兄弟在練功

學員在練習推手

李全有弟子朱江在練習矛盾樁

郑州市职工首届意拳（站桩）学习班全体师生结业留念 '89~90

蚌埠市大成拳培训班结业留念 一九九０年十一月廿五日

編輯整理者的話

　　意拳，是中國近代拳學改革家王薌齋先生首創的拳種。經過數十年的實踐驗證後，無論從養生，還是從技擊的角度來看，意拳的價值都已被人們所認識所崇尚，並被譽爲「中國的實踐拳法」。

　　爲紀念王薌齋先生誕辰 116 周年，王老之女王玉芳女士，將數十年來珍藏的意拳拳譜編輯整理成冊，公諸於世。首次揭示了意拳（大成拳）養生之道及技擊眞諦，使意拳邁上新的境界。

　　本書從技擊與養生兩個方面來闡述，主要收集了王薌齋先生遺著及王玉芳女士的著作，它概括了意拳練功與斷手之法則、養生與站椿之淵源、養生的方法與實效等，是對王薌齋先生意拳拳學的繼承與發展，具有很高的研究價值。本書內容豐富，易學易懂，是技擊與健身的有效指導工具書。

　　作爲王玉芳的親傳弟子，有幸參與此書的整理工作。書中如有不妥之處，懇請同仁指正。

目　錄

王薌齋生平大事記

　　王薌齋先生於 1885 年（光緒十二年丙戌年）11 月 24 日
（農曆十月二十九日）生於河北省深縣魏家林村。原名尼
寶，又名宇僧，後啟用薌齋名。祖父在本縣一商肆中管帳。
深縣民風強悍，民多習武，名家輩出，如河北省形意拳鼻祖
李洛能先生、八卦掌名家程延華兄弟。李洛能先生的弟子劉
奇蘭、郭雲深都是深縣人。郭雲深以半步崩拳馳名於世。郭
雲深馬莊人，與魏家林村為鄰。

　　王郭兩家原有戚誼，薌齋先生封翁❶亦曾隨郭氏學形意
拳，因王氏幼年瘦弱，又患喘病，家人恐其不壽，擬送其到
郭處學拳。郭氏因年邁，又患足疾，原不擬收王薌齋為弟
子，適郭雲深獨子郭深墮馬而死，經另一戚誼趙樂亭先生極
力說項，郭方破格允准，並留王薌齋居於郭家。

　　時王薌齋年方 8 歲，聰敏過人，鍛鍊刻苦，郭雲深愛如
己出，傾囊相授。郭老晚年習慣盤腿坐炕上搭手傳藝，王薌
齋則立炕下站樁換勁。冬季郭老起床後，首先查看站樁腳印
的濕潤程度，如不夠，則怒目視之，王薌齋須再練習站樁，
直至濕度充足方可休息，可見郭老對王薌齋要求之嚴。郭老
於易簀❷之時，猶以絕藝示之。從郭老學拳者多矣，但能克
承其教者，不多。郭老曾有非其人不能學，非其人不能傳之
嘆。郭太師母曾對王薌齋說：「你們爺倆有緣份。」並諄諄
相囑要勤奮學習，勿負師望。

　　郭老對其他學員皆以常規拳套招法教之，獨不教王薌

齋。先生遂從師兄弟處偷偷學習，郭老發現後，叱之曰：「玉皇大帝在此，你不向他學習，反而各處找土地爺，跟他們能學會什麼？」是以郭氏門下深入之摩地，得心意門之真髓者唯王薌齋先生一人而已。

　　近代談河北形意拳者，將形意拳分為三派：一是以劉奇蘭先生弟子李存義為代表的保守派；二是以李魁元先生弟子孫福全為代表的綜合派；三是以郭雲深先生弟子王薌齋為代表的心意派。形意拳原出自少林鎮山拳法「心意把」。

　　1898 年，保定府一鏢局主持人，原從學於郭雲深。因失鏢譽落，乃遣人送厚禮請郭老出山代為挽回聲譽。郭氏以年邁辭，在堅請下，郭老乃遣王薌齋攜親筆書札前往保定。鏢局主持人以王薌齋年幼頗為不滿。次日王薌齋在鏢局院內閒顧，見院內兩側兵器架上陳列多種兵器，先生順手拔出一白蠟竿子試手，鏢局伙計大驚，入報總鏢頭。昔日鏢行規矩，如有人動門前大槍及竿子等兵器者，即表示前來尋釁比武。鏢頭趕來，舉手拍先生手腕怒叱曰：「小孩子不許亂動！」話未了，先生順手一抖，鏢頭已飛出丈許跌倒在地，驚恐之餘，高呼：「好！這才是老師教的真功夫！師弟，你可要把這一手留下來，教給我們。」經此一戰，鏢局方知王薌齋身手不凡，改容相待。從此王薌齋之名不脛而走。

　　王薌齋回故鄉後將此事稟告郭老，郭老撫鬚點首笑曰：「他們沒有站過樁，怎能發出這個勁兒。」王薌齋先生晚年常告門人云：「從那時起我才明白摔人是怎麼個勁兒。」是年王薌齋年僅 13 歲。郭老亦於當年逝世。此後王薌齋更刻苦鍛鍊，每日清晨攜乾糧和水到村外林中練功，日暮方歸，數年功力大增。

　　1901 年，王薌齋 16 歲，隨父往綏遠經商，歸途遇路劫者 10 多人，均持械，王薌齋徒手將匪徒擊散，強人邊跳邊呼：

「這小孩子真厲害！」先生每憶及此事即說：「你打倒幾個，其餘的不打就跑了，並不費勁。」

1907年，先生22歲。與外祖家戚誼邱蘭坡相善，染賭習，遭母親重責，先生與邱相約私逃入京謀生。途經某地，饑甚，入一包子鋪飽餐，因無錢付店主而訴實情，店主慷慨資助，介紹到京城投軍效力。先生投軍後先作伙夫，伺擔水劈柴等雜役。先生因清秀英俊為諸士卒所喜愛，常與相嬉戲，一日先生擔水前行，一卒從後以足勾先生腳，欲使人倒水灑，孰知先生仍快步前行，水未灑，而此卒竟跌倒地上，群卒驚異。適軍中一將過此，即召見先生，先生以自幼從郭先生學拳相告，將軍甚喜，以其女吳素貞相許。此將官即吳三桂後裔武狀元吳封君。

先生婚後折節讀書，工書法，習詩詞，這就是先生幼年雖未讀書，而後又善文字之由來。吳夫人亦喜武，擅形意拳。郭老夫人曾說：「素貞跟尼寶學拳很好，你們老師的徒弟裡，就是他最像你老師了。」先生長女玉珍、次女玉芳、長子道莊皆吳夫人出。

1913年，先生28歲，武藝已蜚聲京都。曾應軍政界名人徐樹錚之約，與當時總統府武術教師、名拳術家李瑞東競技。徐氏設宴於官邸，請京都各武術界及軍政界顯赫人物作陪。薌齋先生先到，李氏後到，王遙見李氏到即至大廳門外相迎，入廳時，兩人互相禮讓先行，兩臂相交，表面似禮讓，實則各試暗勁，李氏年老不支，一腿軟屈下跪，王氏順勢攙扶，二人仍互讓，同入廳內。外行人不明底細，但勝負已自知。俟群起入席，首遍酒後，李氏即托辭入廁，離席而去。後徐氏再設宴為二人和解，但李氏已返武清故里。

薌齋先生後每談及此事則悔恨不已，蓋李氏已是成名人物，且年事已高（時年62歲），自己不應壯年盛氣，致使李

氏鬱鬱成疾。先生每以此事訓戒學人，而先生個人亦引以為戒，並嚴囑如今後遇見練太極五形錘者都應禮讓為先，不可好勇鬥狠。是年，先生應陸軍部之聘任武技教練所教務長，徐氏任所長。先生聘劉奇蘭先生之子劉文華、李存義先生嫡傳弟子尚雲祥、李魁元先生弟子孫福全等為該所教練。時教練所群英薈萃，盛極一時。

山東臨清名武師周子炎，原是臨清州大戶，由於窮文富武，把家產都花在練武上了。慕薌齋先生大名，特到北京與先生較量。一試輒北，敗後即走，次年仍敗，到了第三次方心悅誠服，拜先生門下，入教練所學習。誠如他自己所說：「我來是想當先生的，孰知卻當了學生了。」這就是當時拳術界盛傳之「王薌齋氣走鼻子李，周子炎三敗入王門」故事的由來。

1918 年，先生 33 歲，武技教練所因政局變動停辦，先生負笈南遊，欲訪各家名師，以武會友，探討武術真諦，以充實自己，謀使我國拳術發揚光大。首登河南嵩山訪少林寺方丈恆林和尚，恆林乃號稱鎮山寶「心意把」的傳人。在少林小住數月，終日切磋交換心得。繼而入湖南拜見心意派巨匠衡陽解鐵夫先生。解氏時年已半百，行多怪誕，絕少與人談拳技，人多以「解瘋子」呼之。薌齋先生與之作徒手交，竟十戰十北，復請可否以器械會，解笑允曰：「兵器不過是手臂之延長，你手不成，器械也不能勝。」先生取其較擅長之白臘竿子進，仍十負。先生顏赧欲去，解說：「是不是三年後再來耶？我看你不如在我這兒多住些日子，共同研究，你不要不好意思，我老矣，畢生所遇好手多了，還未曾見過像你這樣好的，留下來吧，咱們作個忘年之交。」先生折節下拜，欣然留住約年餘，從此先生拳藝大進，為日後創立意拳奠定基礎。離湘時解老對先生說：「以你的技藝在大江以南

我不敢說，大河以北恐怕你無敵手了。」將先生送到湘鄂交界處，方灑淚而別。

約在 1940 年以後，曾有一中年人到北平尋王先生，首先問哪兒有練站樁功的人，從而找到姚宗勛先生，自稱是解鐵夫嫡姪，遵叔遺命專程到北平尋找薌齋先生，並詢問王先生有傳人否，說解老畢生頗以未得傳人為憾云云。先生當即令姚表演樁法、試力及發力等動作，解姪當時說：「姚先生比我好，家叔當慰於九泉矣！」

1923 年，先生 38 歲，隨徐樹錚往福建，曾訪方恰莊先生。方乃福建少林寺心意派嫡傳弟子，善鶴拳，體格魁偉，與先生相交甚歡，曾交談試藝，先生四勝六負。方氏云：「我雖六勝，但勝得勉強，拖泥帶水。你摔我則摔得乾淨俐落。我不承認是勝，你也不能承認是輸。」

同年又得識鶴拳名手金紹峰先生，相交甚歡，切磋拳藝，探討拳理，對先生日後在學術成就上均大有裨益。先生當時在閩軍周蔭人部任武術教官。

1925 年，先生 40 歲。因政局變動，先生離閩北歸，路經淮南遇拳術名家黃慕樵先生，從學「健舞」。先生曾作詩歌記之：「身動揮浪舞，意力水面行。游龍白鶴戲，迂迴似蛇驚。」讀此乃知黃氏身手非凡，亦是心意門巨匠。先生弟子中擅此舞者甚少，僅知有韓樵。每遇先生與朋友談拳興酣，輒遇韓氏做健舞，起似龍蛟挾浪，落似霧裡伏豹，蛇驚貓步，柔若無骨，靜若處女，炸似驚雷，乃知先生數載南遊，不僅對拳學真諦深入有得，在動作上又上一層。先生歸故里後，掃郭雲深先生墓，為之建碑。

當年，先生居北京時，接天津張占魁師兄信，云在津某校任武術教練，工資菲薄，賴零星教授學生糊口，自天津武術館成立後，從學者鮮，津武術界人士均為之側目云云。先

生詢知武術館教務由師祖李洛能先生嫡孫李振邦先生弟子薛顛主持，館長乃河北省督辦李景林自兼，以輩份論乃屬張王二先生姪輩。

先生立即束裝去津，逕赴武術館，薛氏與先生雖相知而未謀面，薛頗傲，問先生：「你要學什麼拳來？」先生答：「久聞薛老師以龍形名震津門，願請賜教。」薛未加思索即貿然起座伸手，先生舉手相接間，薛已跌出，摔倒在地。未反起立即高呼：「王師叔！」並對圍觀之弟子們說：「這就是我經常對你們提到的王薌齋師爺，快都過來磕頭。」後經薛顛介紹與李景林相識，留津小住，傳授拳藝。薛氏以武術館每月工資之半奉張占魁師叔，被天津武林傳為佳話。

1928 年，先生 42 歲，應李景林、張之江二人之請，伴張占魁先生赴杭州任第三次全國運動會武術比賽裁判後，應師兄錢觀堂先生之約赴上海相見。

王先生到滬後，錢氏設宴為先生接風，極願見先生身手，請與先生「聽勁」，先生以師兄年事已高，遜稱不敢，錢氏堅請試之。先生曰：「如師兄願看弟之學業，弟請師兄坐到身後中間的沙發上。」錢氏雖不信，但笑允之，即以崩拳直取先生，王先生以掌輕按迎錢氏來拳，僅於迎送瞬時，錢氏已飛起穩坐於指定的沙發上。錢氏起立握先生手，泫然淚落曰：「沒有想到幾十年後又能重見老師風采，先師的武技有人能傳下去了，真使我又喜又想念老師。」即請先生下榻家中，並宴請當時在滬諸名拳師作陪，時孫福全先生亦在座，因與先生是舊相知又誼屬同門，眾請孫氏與先生作示範表演，先生微笑不語。時趙道新在座起曰：「我來陪孫師兄玩玩。」（以後人們傳說孫福全先生與薌齋先生不睦，實屬無稽之談。蓋即本段公案之誤傳也。）二人搭手間，孫氏年邁不支。時張長信先生亦在座，對先生武技欽慕萬分，即請

錢硯堂先生作介紹人拜入師門學習意拳。

　　錢氏曾寫詩載滬報端，詩中有句云：「夫子之牆高千仞，君既入室且登堂。」也就是這時，先生認識了鐵嶺吳冀輝先生。吳氏乃六合心意名家，與先生相交甚契。先生曾說：「我在國內參學萬餘里，拜見拳家逾千人，堪稱通家者僅有兩個半人，即湖南解鐵夫、福建方怡莊與上海吳冀輝耳。」先生在上海傳藝期間，登門試藝者無數，先生不曾一負。

　　當年，世界輕量級拳擊冠軍匈牙利籍拳擊家英格，正在上海青年會任拳擊教練，揚言中國拳術無實際價值，拳師均不堪一擊。薌齋先生奮往與之交手，僅在相互接觸之一瞬間，英格已被擊出丈許，仰臥地上。英格後在英國倫敦《泰晤士報）上發表《我所認識的中國拳術》一文，詳細介紹了他是如何敗在薌齋先生手下的，文中有句云：「我如同被電擊了一樣。」表示極為驚詫不解。

　　留德皮科名醫師尤彭熙先生，此時經上海文人江一平介紹拜入王氏門牆。尤氏以後將意拳發展為「空勁」一支，號稱「神拳尤彭熙」，晚年渡美在加州授徒，頗享威名。1983年病逝於美。

　　1930年，先生45歲，在上海。高振東、趙道新、張恩桐、韓樵、韓垣及全國拳擊和摔跤雙冠軍卜恩富均於此時投先生門下。韓氏兄弟由於其父韓友之先生為王先生師兄、單刀李存義弟子，故先生令其分別拜尤彭熙、趙道新為師，但由先生親傳技藝。當時韓樵、趙道新、張長信、高振東號稱王先生門下「四大金剛」。張長信曾以拳擊奪上海市拳擊公開賽冠軍。趙道新則是第三屆全國運動會武術散手冠軍，他在上海稅務專科學校擔任武術教練時，曾足穿拖鞋，輕取宋子文保鏢挪威籍拳擊家安德森，使其如斷線風箏摔出丈外。

安氏高呼：「魔術！魔術！」

斯時上海某銀行家知王先生拳藝冠絕，所向披靡，以重金聘先生組織一武術隊周遊世界，宣傳中國拳術，以掃「東亞病夫」之恥。後因政局變動，「九一八」事變等原因未能如願。

1935 年，先生 50 歲。先生攜卜恩富、張恩桐、韓樵三人束裝北歸，在天津小住後返深縣故里訓練弟子，研究拳法。據張恩桐說，在深縣學習期間，由於先生要求嚴格，站樁練功後全身疼痛難忍，當時曾想不辭而別。夏季午睡後每人抱一隻小公雞，到村外大樹下圍觀鬥雞，學習雞夆毛展翅姿勢。訓練摩擦步時，足穿拖鞋。

張恩桐於 1955 年在天津與全國摔跤重量級冠軍張奎元試手。張身高體壯，臂力過人，手大腳也大。而張恩桐身材較矮小。張奎元伸手欲抓張恩桐，張恩桐驟然發力將張奎元摔出倒地。張奎元專程到北京東北園，進門見到薌齋先生跪倒在地叩頭，然後說明原由，拜在先生門下。

1937 年，先生 52 歲。應北平張壁、齊振林二位先生之邀，到北平定居，任教於四存學會體育班，傳授意拳，並從事著書寫作，闡述中國拳術真諦，主張解除封建傳統之師徒制，廢除拳套招法之訓練，強調應用科學方法訓練，公開教授武術界秘而不傳的站樁功。授拳之餘，閉門潛研，在 1929 年間所著《意拳正軌》（1983 年由香港麒麟圖書公司出版，李英昂校注）的基礎上，破除迷信，解放思想，完成了《大成拳論》初稿。並在報端大聲疾呼中國武術漸趨不講實戰，徒尚形式之非。

李存義先生嫡傳弟子尚雲祥與先生相交最深，尚氏年稍長，雖尚以師叔稱呼先生，但先生與尚常嬉戲如兄弟。時尚居東城火神廟內，先生時往探視，在廟正殿研習拳技。有一

次先生在尚身上一按一撝間，尚身體突然飛起，頭肩直插入頂棚，落地後，二人均驚詫瞪目相視。尚說：「師叔再來一次。」先生說：「再有意來，恐怕就不成了。這就是郭老（雲深）所說『有形有意都是假，技到無心方見奇』。再來就是有意了，把你弄不上去了。」事後先生對其學人說：「尚雲祥比你們強萬倍，他那個球的氣比你們足得多。」先生還說過：「尚雲祥的那片竹林（勁）粗的有水缸那麼粗，細的又只有小手指那麼細。我們那片竹林，都只有飯碗那麼粗而已。」

此時，有張兆東先生之弟的弟子、名拳師洪連順在京設場授徒。洪氏身高體壯，臂力過人，能單掌將大城磚擊為粉碎。聞先生名，趨前拜謁，以願試師叔身手為請，先生笑允之。洪以劈掌猛擊先生，先生舉手相應間略發力，便將洪摔倒在沙發上，洪躺在沙發上兩眼發愣，不知怎麼被摔出去了。先生說：「這次不算你輸，起來吧！我們再試一次，我還叫你躺在這裡。」洪內心不信，左躲右閃，不肯靠近沙發。洪氏後來對弟子們說：「當時我想寧願倒在別處，也決不倒在沙發上。」而薌齋先生舉手左晃右晃，緊步相逼，找準時機，突然發力，洪又坐到沙發上了。由於這次發力過猛，沙發下邊的橫樑粗木皆被砸斷。

薌齋先生指定哪裡，就能將人打倒在哪裡，這種先定位後打人的絕技，如同射擊之中環。而槍支與打靶都是死物，可任人調整，隨人意願，它與打活人，而且是不肯合作的敵方不同，此可謂拳術之出神入化也。

薌齋先生常對弟子們說：「一是大成拳打人，不管中不中，要先問己身正不正；二是大成拳打人時，要使被打倒者產生一種舒服感，認為從來也沒有挨過這樣的打，而且還會主動要求你再打我一次，讓我再嘗嘗這個滋味好嗎？」

　　誰能相信挨打還有舒服感？哪有這種傻人，情願挨打。這就是薌齋先生在拳術上達到爐火純青地步的表現。他能精確地掌握發力方向與力量的分寸，重力能將人一拳擊斃，輕力不但不痛，而且使人莫名其妙。

　　洪氏當即拜倒在地，堅請收留，從頭學習，並將其弟子全部帶到王先生前叩頭拜師，學習站樁功。後傳先生衣鉢的姚宗勛、以一拳擊敗北京軍閥富雙英鏢師高閣王的竇世明、在北京折服義大利拳擊家詹姆斯的李永宗等人，均於此時隨洪氏拜在王氏門下。

　　1939 年，先生 54 歲。北京東城金魚胡同那家花園四存學會技擊班因學員過多，遷到東單大羊宜賓胡同，後又遷到東四弓弦胡同。先生為了發揚中國拳學真諦，在當時的《實報》上發表公開聲明，歡迎武術界人士駕臨弓弦胡同賜教，以武會友，共同研討今後如何發揚我國拳術。各派名家登門來訪者頗多。由周子炎、洪連順、韓樵、姚宗勛四位弟子任招待職，如有願試藝者，可由四人中任何一人先招待過手，惜無一人下場，莫不稱服而退。即在此時，意拳以一個嶄新的拳種出現在北京。張玉衡先生請以「大成拳」名之，意以集我國拳術之大成也。當時先生以盛意難卻，未堅拒之，「大成拳」這名乃留傳下來，實則非先生之原意。他曾對弟子們說過：「拳學本無止境，哪有大成之理。」他在《大成拳論》初稿一書中寫道：「欲卻之而不能也。」這就是「意拳」又稱「大成拳」之由來。

　　1940 年，先生 55 歲。日本東京成立大東亞武術競賽大會邀請我國參加，並透過偽新民會顧問武田熙特請薌齋先生出席，南京偽政府汪精衛組織以馬良為首的代表團前往。薌齋先生說：「這是兒皇帝的政府代表團。」以病堅辭謝絕，並告武田熙歡迎日本武術家來中國見面，交流經驗。馬良代表

團到日本後，日方人士說，王薌齋未來參加，不能承認是中國代表團。此後，日本柔道、劍道名家澤井健一、渡邊、八田、宇作美、日野等人曾先後到中國與先生比武，莫不失敗而歸。

澤井健一來見先生時，先生適居中南海萬字廊，斯時先生正執掃帚，清掃庭院。澤井進院問：「王薌齋先生在家嗎？先生以王先生不在家謝絕，澤井要求坐等，先生無奈只好請他進屋。澤井問：「你也會拳術嗎？」先生答曰：「會一點兒。」澤井說：「可以試試嗎？」先生答：「可以。」澤井即以雙手前進，擬以柔道技術抓先生雙臂摔之。先生舉手相接間，已將他輕輕按倒跪在地上。澤井驚奇，見先生神采奕奕，目光炯炯，即問：「你就是王先生吧？」先生含笑點頭，澤井起立深鞠一躬說：「再試一次可以嗎？」先生說：「可以。」

澤井在其 1976 年出版的《中國實戰拳法太氣拳》書中寫道：「當時我是柔道五段，劍道四段，年輕力壯，很有自信。我抓住王先生的手腕擬摔倒他，但卻被他取勝，我又抓住先生的左袖和右襟擬用寢技取勝，先生問抓好了嗎？我說抓好了，就在這說話的一瞬間，我的手完全失控而被摔出去了，我不知是怎樣被摔出去的，我請求反覆試驗數次，結果每次都是同樣失敗。我感覺到每次都在我心臟部位輕輕地拍了一下，當然是輕打，但是我感到就像觸電一樣的刺痛，好像心臟被電擊而動搖的樣子，有一種奇特的感動而恐懼的感覺，至今仍記憶猶新。雖然如此，我並不甘心認輸。我請求試劍，擬用劍術取勝。我手持竹劍，先生用一短棒，我用竹劍猛劈狠刺，使盡絕招，卻無一勝，事後先生教我說：『劍、棒都是手的延長。』」

1945 年「八一五」光復後，先生每日清晨到太廟（現北

京市勞動人民文化宮）散步。知情者相聚跟先生習站樁，人員逐漸增多，遂於 1947 年由王少蘭、秦重三、胡耀貞、陳海亭、孫文青、李健羽、于永年等人發起，呈請設立中國拳學研究會於太廟東南角小亭中，薌齋先生任會長，倡導以意念誘導與精神假借為主要手段的大成拳站樁功，每日晨於該處練功者達百餘人。

最初不相信站樁功能治病強身者說：「這些人（指站樁練功者）都是吃飽飯撐的。」還有人說：「王薌齋會定身術，把這些人給迷住了。」也有人看到參加站樁練功者日多就想其中定有道理，不會都是傻子。又經受益者現身說法，參加練功者更多了，對一些醫藥無效的慢性病患者收到良好效果，給以後開展站樁療法打下了牢固的基礎。在北京以站樁治病的歷史是從這裡開始的。

1949 年，先生 64 歲。北京解放後，太廟的中國拳學研究會因故停辦，改為冬季在中山公園唐花塢前，夏季在西北角後河邊樹林教授養生樁（站樁功）。從學者仍眾，多以治病健身為主，較少教授拳法。

先生晚年主要研究站樁功治療慢性病，在醫療保健、延年益壽方面獨有心得。從先生學站樁的患者雖多，但從未發生過任何偏差或不良副作用。這與先生的教學方法及指導原則有關。先生主張以「內虛靈、外挺拔，舒適得力為基本不動的原則。更以剛柔虛實、動靜鬆緊同時起參互錯綜作用」為方針。

1958 年，先生 73 歲。先生應北京中醫研究院之邀在廣安門醫院以站樁為主治療各種慢性疾病，為解除患者痛苦，恢復人民健康作出了貢獻。從此，養生樁（站樁功）之名大彰。但因先生堅持叫「站樁」而不叫「氣功」，因此，較少與氣功界人士往來。

1961 年，先生 75 歲。河北省衛生廳段惠軒廳長聞先生名，聘先生到保定中醫醫院工作，教授養生樁治療各種慢性疾病。1962 年在保定召開河北省氣功學術會議上，薌齋先生曾表演「健舞」、「勒馬聽風舞」，並表演發力動作，會議室地板為之顫動，與會者為之咋舌，驚詢先生從何處來，段廳長說：「這是我從北京『垃圾堆』裡撿來的。」先生則笑而不答。

1963 年 7 月 12 日，薌齋先生病逝於天津，享年 78 歲。

先生生前還著有《拳道中樞》、《意拳正軌》、《大成拳論》等著作，使意拳在理論上及應用實戰的價值上進一步得到提高。

王薌齋先生不僅是我國近代拳術界的巨子，而且他還是一位拳學改革家、拳學理論家，他為發揚中國拳學，揚名世界，鞠躬盡瘁，奮鬥終生。他在《大成拳論》中敢說別人不敢說的話，敢揭別人不敢揭的中國武術界流傳至今的弊端，語言雖偏激，著意卻誠懇，充分表現了愛護拳道之誠，「知我罪我，笑罵由人」的大無畏精神。

他是一位愛國者，在敵人面前不為金錢勢力所誘惑，不畏強權，保持了民族尊嚴，不愧為中華民族的拳學大師。

薌齋先生認為：「拳學一道，不是一拳一腳謂之拳，也不是打三攜兩謂之拳，更不是一套一套謂之拳，乃是拳拳服膺謂之拳也。」

薌齋先生曾提出：「大動不如小動，小動不如不動，不動之動，乃是生生不已之動。」這與恩格斯所說「一切運動都是與某種位置移動相聯繫的，運動形式愈高級，這種位置移動就愈微小」的意思是相一致的。根據這一學說，他主張「欲知拳真髓，首由站樁起」。

薌齋先生認為：「拳本無法，有法也空，一法不立，無

法不容。」因此，他主張廢除人造的拳套、招法訓練，以求「物」為主。他說：「離開己身，無物可求，執著己身，永無是處。」先生為了振興中國拳學事業，進行了大膽的改革。

薌齋先生對中國拳學理論上的研究，集中表現在晚年所著《拳道中樞》一書中。他在 40 年代初期就提出「超速運動」這一名詞，來形容大成拳動作的迅速狀態。他說其威力之大，猶如「雷霆之鼓舞鱗甲，霜雪之肅殺草木。其發動之神速，無物可以喻之，是以余對此種『神速』運動，命名之曰『超速運動』，言其速度之快也。」

薌齋先生認為習拳主要目的首先是健康，其次為尋求理趣，再次為自衛。他認為拳學一道若從跡象比，「與老莊佛釋，班馬古文章，右軍鐘張字，大李王維畫，玄妙頗相似。」他的這種「但求神意足，不求形骸似」的習拳思想，可謂達至大成了。

【註釋】

❶封翁：1.封建時代受有封邑的貴族。2.封建時代子孫顯貴，父、祖因而受封典的，叫「封君」，也叫「封翁」。

❷易簀：稱人病重將死為易簀。

紀念先父王薌齋

王玉芳

尊敬的霍震寰先生：
尊敬的中國武協、北京市武協的各位領導：
各位來賓：
同志們、朋友們：

今天，我們聚集一堂共同紀念我的父親——意拳創始人王薌齋先生誕辰 116 周年，我的心情非常激動。

首先，請允許我向倡議並給予巨大支持的亞武聯第一副主席、北京意拳研究會名譽會長霍震寰先生致以衷心的謝意！向批准和支持召開這次大會的北京市武協及中國武協表示深深的感謝！向前來參加這次大會的武林同道、各界來賓，向同志們、朋友們表示熱烈地歡迎！

我們紀念王薌齋，是為了在緬懷這位一代宗師的同時，重溫意拳的思想、理論和方法，發揚他武德高尚、廣取博收、不斷精進、不斷創新的精神，沿著意拳給我們指出的前進方向，使我們真誠團結起來，共同努力、共同奮鬥，更好地繼承和發展意拳事業，為祖國、為中華民族、為人類做出新的更大的貢獻。

作為一種特殊拳學的意拳，自 20 世紀 20 年代創立起，就在中華大地上引起了強烈地反響，並受到國外有識之士的重視和喜愛。

任何一門學術都是在實踐中不斷地總結、提高和完善

的，意拳也不例外。當我們回顧意拳的發展歷程時，不僅要把它與社會、歷史的現實緊密聯繫在一起，而且還要清醒地看到它自身發展的軌跡，只有這樣才能更好地理解先父的思想和意拳的內涵。

如果說先父在20年代發表的《意拳正軌》是對「技擊一道」進行科學闡述的話，那麼40年代中期先父發表的《拳道中樞》，則是站在哲人的立場上，運用哲學的觀點論述中華武學的「大道」，即客觀發展規律；論述宇宙、人生和武學的真義。可以說，從《意拳正軌》到《拳道中樞》是先父的思想和意拳的理論，是「質」的飛躍。所以，《拳道中樞》集中體現了先父的意拳思想、理論和方法，是先父一生心血的結晶。

先父常說：「行、坐之間，一觸跌人丈外，乃中乘之境。」他認為達到這種「技擊」的境界，對於拳學來說，僅僅是「中乘之境」，只有達到「拳道」的境界才是中華武學的「上乘之境」。所以，他把這篇著述定名為《拳道中樞》。通俗地講，就是武學大道的核心、真諦。

拳道，是指武學發展的道路，亦即我們現代所說的客觀發展規律。

拳道是什麼？先父說：「拳道之大，實為民族精神之需要、學術之國本、人生哲學之基礎、社會教育之命脈。」這種把習拳練武與民族、國本、人生和社會緊密結合在一起的特殊拳學，正是先父為之奮鬥和追求一生的大道。

拳道的核心、真諦是什麼呢？先父說：「余據四十餘年體會操存之經驗，倍感各項力量都由渾元擴大，空洞無我產生而來，然渾元空洞亦都由細微之棱角漸漸體會，方能有得。是以吾又感天地間一切學術，無一不感矛盾，同時亦感無一不是圓融，然而須得打破圓融，統一矛盾，始能融會貫

通，方可利用其分工合作，否則不易明理。」

只有把自己置於自然之中，融於宇宙，透過不斷地「自我放大」，達到「無所在，無所不在」的境界，才能具備各項力量，才能認識矛盾，進而把握住客觀發展規律，去遵「道」而行，依「道」而用，才能認清宇宙、社會和人生的根本原理。我認為，這就是「拳道中樞」論及的武學核心、真諦，也是意拳的深厚哲理。

不難看出，意拳的思想、理論和方法是建立在深厚的「天人合一」、東方的哲學思想與現代哲學有機結合的牢固的哲學基礎之上的，它繼承和發展了中華民族的武學。

先父說：「要學好意拳須具備三個條件，其中，「要有清醒的哲學頭腦尤為重要」。先父晚年自號「矛盾老人」有著深刻的含義，望大家能予以深刻的理解。

要達到「渾元擴大，空洞無我」的境界，要探尋到宇宙和人生的根本原理，只有也必須由「站樁功」這種高級的運動形式，在實踐中由「重精神、重意感、重自然力之鍛鍊」進行不斷地體認來取得。

意拳沒有任何招式套路，它把「站樁功」置於非常重要的位置，這是意拳與其它拳的最根本區別。其實，「站樁」不僅是武學，而且也是諸多運動項目的基本功。只不過在意拳的「站樁功」中有著深厚的「天人合一」的思想，深刻的哲理以及一系列科學的獨特的訓練方法而已。

至於意拳站樁功的鍛鍊之法、習拳之要，《拳道中樞》以及姚宗勛師兄發表的《意拳》，還有近二十年來許多師兄、師侄發表的文章和著作中均已論及，不再贅述。

先父在《拳道中樞》中，提出了一個非常重要的問題，這就是「武德」，他說：「拳學一道首重德性。」又說：「學術皆然，武德尤甚。」因為武學是「性命相搏」，「共

爭生死」的學問，不講「德性」必然離經叛道，禍患無窮。故而，先父又說：「還要有『俠骨佛心之熱誠，捨己從人之蓄志』。」我們常說「拳拳服膺謂之拳」，其實這麼說是不確切的。而應該是：拳道，乃拳拳服膺謂之拳。《拳道中樞》通篇揭示、論述的正是「拳道」。先父讓我們心領神會、體認操存的不是訓練過程中的方法，而是「拳道」。可見，沒有大德，無法達到「上乘之境」。意拳學者，對此不可不知，不可不行。

意拳蘊含著深厚的「天人合一」和哲學思想，它博大精深，沒有較高的學識和修養，無法理解其中之妙，也就無法使自己日臻上乘。

先父說：「學術一道，首要明理，更須切實用功。若不首先明理，不知用功切要之所在，易於走入歧途，功夫愈深，殘害愈烈。」因此，意拳學者要在訓練、鍛鍊過程中，不斷地加強自身的修養和增長自己的學識，使自己在「德、才、學、識」諸方面均衡發展和提高。這才是先父和意拳渴望的人才。

幾十年來，與先父相交和跟隨先父學習意拳的人數不勝數，其中絕大部分人走上了不同的工作崗位，從事著不同的職業。但是，不管經過多少年，每當他們談起先父和意拳時，都懷著深厚的崇敬心情述說著自己的習拳經過和先父對他們的諄諄教誨，述說著意拳的哲理在他們的工作和生活中給予的啟迪、幫助和快樂，這就是意拳的魅力、影響和深厚的基礎。

現在，我們民族興旺，國家富強，意拳不僅在國內得到普遍的發展，而且走向了世界，受到不少國家和地區人民的青睞，這是先父和第二代、第三代學生們以及所有熱愛、支持意拳發展的各界朋友共同努力，共同奮鬥的結果。這不僅

是意拳的驕傲，也是我們祖國和民族的驕傲。

近來有一種把「健身」與「自衛」割裂開的看法，這裡既有認識的原因也有歷史和現實的原因。

在解放前那個動盪、混亂，甚至「中華民族到了最危險的時候」的年代裡，先父和他的學生們只能在「自衛」方面盡力發揮；解放後在和平的年代裡，才使先父和他的學生們有條件把精力投入到「健身」的實踐中。這種不同時期各有側重的現象不是意拳本身可以把二者分開，而是社會、歷史的原因造成的。

先父和他的學生們，解放後在「健身」方面所取得的巨大成績以及解放後一些因病學習「站樁功」的學員，逐步走上習拳之路並成為佼佼者的事實，都證明了「健身」與「自衛」是相輔相成密不可分的。有些意拳從學者，由於各種原因，在「健身」或「技擊」上各有側重，本不為奇，不能以此作為「健身」和「自衛」可以分開的依據。

無論「健身」還是「自衛」，目的都是為了「利群」，這是意拳的原則。我想透過習拳，大家的修行都會不斷地提高，認識水準也必將不斷地提高，這個問題自然就會得到解決。我希望側重「技擊」的學員，要加強「養生和健身」的鍛鍊，使自己在「健身、自衛」兩方面都得到均衡的發展，以使自己能更好地「利群」。

近來，一些師兄提出要加強意拳在學術上的研究。我認為，這個倡議很好，給意拳的發展指出了明確的方向，希望意拳研究會的領導和同志們能給予高度的重視。為響應師兄們的倡議，我就把今天的發言作為一個拋磚引玉的開始吧！

在《拳道中樞》中，先父曾語重心長地說：「日夜望從學諸生，虛心博訪，一方面盡量向難，一方面盡力發揮，倘有心得希隨時共同研究，以求博得精奧而期福利人群，提高

國民體育之水準，實為盼甚，否則毫無價值。」

先父臨終前曾深情地說：「意拳雖是我創，但意拳不是我，我只是練意拳的一個人。」從而表達到了先父對大家的殷切期望。

1971年我們敬愛的周恩來總理在日理萬機的百忙之中，指示有關單位對意拳進行研究，這是黨和政府對我們意拳的重視，我們不能辜負周總理對我們的期望。

80年代，繼承意拳衣鉢的姚宗勛師兄帶領部分意拳同志，為落實周總理的指示，秉承先父遺志，在國家體委及中國武協等有關部門的大力合作和支持下，開始把意拳的理論引入現代體育運動中進行「提高國民體育之水準」的有益嘗試。遺憾的是，這項工作剛開始不久，姚師兄便先我們而去，這不僅是意拳的巨大損失，從一定意義上講，也是我國體育運動的損失。

長江後浪推前浪，一代新人勝舊人。我希望大家抓住現在的大好時機，依靠各級領導，加強自身建設，會同武林同道共同拼搏，共同奮進，更好地把意拳事業發展下去。

人生苦短，百年一瞬。面對周總理的指示、先父的遺志以及意拳的發展壯大，我們任重而道遠。

意拳，作為特殊學習的拳學，要接受實踐的檢驗和時間的考驗。我們只有團結起來，「虛心博訪，盡量向難，盡力發揮，以求博得精奧，而期福利人群，提高國民體育之水準」；只有這樣，我們才能「有所發現，有所發明，有所創造，有所前進」，繼續為人類做出新的貢獻；只有這樣，才能告慰先父王薌齋宗師的在天之靈，這才是我們對意拳創始人王薌齋老先生的最好紀念。

我從30年代隨父學習意拳，50年代末作為先父的助手，從事醫療體育工作。但由於我的水準有限，對意拳的理解還

很浮淺，舛錯之處希望大家多多指正，不吝賜教，在此表示衷心的感謝！

　　最後，祝意拳同仁團結起來，百尺竿頭更進一步！

　　預祝大會圓滿成功！

　　謝謝大家！

2000年 11 月 25 日

懷念先師王薌齋

秘靜克

今年農曆十月二十九日，是著名的武術家、氣功家王薌齋老先生誕生一百周年紀念日。老先生與我是師生之誼，雖然他已經辭世二十多年，但他和藹可親的音容笑貌、平素誨人不倦、虛懷若谷的高尚品德，他傾畢生精力立志革新、創站樁功與意拳的精神，都深深銘刻在我的心裡。

作為先師的門人，自愧沒有很好地完成師教，但值得慰藉的是，我至今仍然是站樁功的執行者，在繼承先師創立的「站樁療法」方面盡到了個人的綿薄之力。今天在北京為老先生舉行隆重的紀念活動，這充分地說明老先生平生未竟的事業，不僅後繼有人，而且正在生機勃勃地發揚光大，向前推進。

一

老先生幼年從師於河北省深縣武林名手郭雲深先生，長年苦練形意拳，該拳套路、招法較多：劈拳、炮拳、鑽拳、崩拳、橫拳、五禽戲以及五行相剋等等。老先生經過刻苦鍛鍊，深究拳理及精心實驗，並博採眾家之長，精減了繁瑣的招數套路，在深得師傳的基礎上，創出了嶄新的「意拳」。他十分強調「意」在拳術中的作用，指出「意」是拳的核心。在訓練過程中，要求意念靈巧，肢體隨機而動，氣質聚合，似立地生根，堅如磐石，神意放縱時，使之如巨風捲樹

拔地欲飛。從精神到肢體，從肢體到外界，形成高度協調統一，達到神、意、形、力融為一體。

先師在創樹上反對嘩眾取寵，講求實用；在技法上要求嚴緊協調，樸實穩健。姿態莊重大方，氣勢磅礡，無有輕浮之相。將五行相生相剋，丹田充盈等全部否棄，集中地採用《易經》最基本的理論，太一學「整體觀」作指導。在技術上強調精神統一，意念統一，動作統一。他曾講：「沒有整體的統一，練不出整勁，缺乏整勁，就難以產生綿綿不斷之力。」先師摒棄舊的枯澀難懂的說教，使之與現代生理學與力學的理論語言相結合。在「整體觀」指導基礎上，注入力學的平衡與力點學說，採用陰陽互濟的二爭力，作為鍛鍊整體渾元力之本。爭力作用得氣快，勁力足，並且與人體生理組織不相背扭。

在老先生所著的《大成拳論》自志中說：「本四十餘年習拳經驗，探其義之所在，參以學理證以體認，祛其弊，發其密，捨短取長，融會貫通，發揚光大，令成一種特殊拳學。夫本拳之所重者在精神，在意感，在自然力之修鍊。統而言之使人身與大氣相應合；分而言之，以宇宙的原則原理以為本，養成神圓力方，形曲意直，虛實無定，鍛鍊成觸覺活力之本能。以言其體，則無為不具；以言其用，則有感即應。」在「無為」中練功夫，才可煉成得心應手。所以，在四十年代老先生曾登報以武會友，未遇到敵手。他所創的「意拳」被武術界的名師好手們推譽為「大成拳」。

二

解放前多數人只知王老先生是有名的拳學家，不知他也是氣功專家，僅有少數的氣功大師，諸如胡耀禎、蔣維喬、

周潛川等不但敬佩王老先生精湛的拳學，而且也深知他是具有上乘功夫的氣功名家。但老先生並沒有因他早年在國內外享有盛名的拳學家而湮沒真諦，放棄養生方面的研究，而是加深了鑽研。當年他在遊歷河南少林寺時，與恆林禪師結為好友，他們不單在拳學方面互相探討，而且在禪學方面也共同進行了研究。恆林之師本空上人在拳術和禪學兩方面給了他很多寶貴的指教，所以現在的拳法、樁法以及治療法之中既包含有道學、禪學、拳學（武家功），也蘊藉有生理學、力學等方面的精髓。

（一）所謂包括「道學」：

郭雲深先生的拳學原由道教功的練精化氣，練氣化神，練神還虛的通氣學發展而來。（郭雲深論形意拳抄錄於本篇末，以供參考。）眾所周知，道教功法是以周易卦象為理論，講究安爐、設鼎、調坎填離，補足漏體，乾坤復位等等。用「易卦」中的八個字以喻練功過程中某個部位，或某個竅穴。老先生出於郭先生門下，對於這套功法說明必然熟悉，因而受到「易卦」的啟發，與本身在練功中體會到的渾元力相結合，所以運用「周易」的整體觀來指導養生與技擊的全過程。對其它繁瑣功法作了否棄。

（二）所謂包括禪學：

現今的功法除「整體觀」與姿勢動作中含有陰陽互濟之外，它與禪宗學相似處很多，如不守丹田、不運行周天等，起始即掃除俗緣，用止觀排除雜念入靜，定意。老先生也接受了《丹陽真人語錄》中的說教：「學道者無他務，養氣而已……」所以將功法怎樣簡練，怎樣得氣快，怎樣不出偏，就怎樣改。

（三）所謂包括武家功：

老先生所創的這套功法的特殊性就在於靜立練功，加之

姿勢科學，它不單可以練「真氣」，同時可以練肌力與技巧。

（四）所謂包括生理學與力學：

老先生將以前拳術中背扭人體生理組織的姿勢，都改得順乎生理自然，例如舊樁法，要求兩足站立為內八字，造成掰襠，不夠自然。再如降龍、伏虎等樁，有的地方既不夠自然，也不夠實用，所以都改掉，只採用渾元樁（即撐抱式），簡單實用。不論是養生治病的樁法，或技擊的樁法與試力，都含著爭力與力點作用。

老先生諳熟拳理，深知習拳之本，必須由靜而動，動而持靜。沒有真靜則元氣無能產生，只有動靜協調才可練就全身功夫，所以老先生在 1929 年所著的《意拳正規》「練氣」篇中說，「然技雖小道，殊不知學理無窮」。並例舉《莊子》養生主篇章中的句子解釋其義。說莊子云，「道也進乎技矣」。以此闡述技擊不能背離真氣的貫注。欲得及時充盈，必須堅持基礎功——站樁，方是「真道」，沒有這步功夫就無從談技擊」。他在《意拳正規》樁法「換勁」篇中說：「欲求技擊妙用，須以站樁換勁為根始，使其體弱者較為強，拙者化為靈。」只有將站樁這步功夫練就，意令精氣神貫注到擊術中去，方懂「通氣學，精打顧」。從老先生這些論述中可以了解到他的氣功知識的淵博，武術功夫的深奧。在三十年前，老先生即具有不偏不依，不強調一面的科學態度，所以，其創造的站樁療法與拳學至今並茂不衰。

三

我在 1954 年因患視神經萎縮，多方求醫治療無效，視力降低，右眼為 0.3，左眼為 0.01，經友人介紹，到北京中山公

園從師王老先生學站椿功。在老師嚴格教導下，經過四個多月的練功，右眼恢復到 0.8，左眼恢復到 0.4，配上眼鏡達到 1.0 以上（我現在已經 73 歲，讀書寫字都不用戴眼鏡）。記得在治療眼病取得一定療效，身體更加強健的時候，我多次要求學技擊，都被先師斥止。有時偷著跟師兄弟們學試力或推手，老先生仍阻止不准學。當時，我很不理解，心中亦不快。老人家看出我的心思，問我，「想學拳還是想學治病？」我回答，「想學治病。」先師又問我：「治病的功法都學會了嗎？」我說：「正因為沒有全學會才要求學試力與推手。」

老先生笑了，他說：「試力與推手是習拳中進一步的訓練，不是治病的上層工夫。技擊的基礎功是站椿，站椿亦是治病的基本功。但它們是孿生兩體，不應混為一談。治病也必須掌握三步功，才能靈活運用，融會貫通。①掌握姿勢，使之戴天復地，迅速成為渾元；②體會氣在體內的動象與貫注；③靈巧的運用調配。」他還講，「只有對這三步功法成熟，去指導他人治病，才可以得到預期的效果。」

先師的教導使我懂得專心致志的學練渾元椿。老先生不僅他本人不墨守成規，不泥於師法，善取各家之長，補自家之短，創出獨特的功法與拳術，而且也經常教導我們大膽創新。他說：「師古不泥古，僅守師法未易有得。」現在回憶起老師的真言，仍然回繞在耳，所以幾十年來我在練功與教功治病中認真的努力實踐，以求將功法效能提高。

歷史的發展是曲折的。在十年動亂的年代裡，將氣功視為封建迷信，被否定。黨的十一屆三中全會以來，黨的各項事業興旺發達，祖國的瑰寶氣功，也像雨後春筍般的重新發展起來。我也在黨和政府的領導下，振作精神，繼續沿著先師指引的站椿療法的康莊大道闊步前進，大膽創新。

近幾年來，我在練功和教功治病中，認真執行先師創樹的「整體觀」，並在「整體觀」的指導下，採用了「整體鍛鍊局部治療」之法，調動渾元力去攻克病灶。經過多年的臨床實驗，見效快，非常理想。從 1980 年以來，我在北京、新鄉、鄭州等地教功治病中，觀察各種類型的腰腿痛、比較嚴重的支氣管擴張、心血管病、坐骨神經痛、貧血症，以及哮喘等常見病，疑難病症，經過市醫院的拍片、化驗等檢查，90%以上取得了意想不到的效果。

具有健身和醫療雙重作用的站樁療法，已成為患者的福音。現今已傳播到國內外，如美國、日本、加拿大、澳大利亞等國家。因其簡便易行，療效顯著，不擊偏，故而深受廣大群眾所歡迎，它是氣功百花園中一朵鮮艷、色新的奇葩。在實現四個現代化的新時期，隨著社會精神文明和物質文明的高速發展，我雖年越古稀，仍要繼續努力廣泛開展站樁功醫療，在臨床實踐中繼續進行研究，為提高中華民族健康素質作出新的貢獻，以慰先師在天之靈！

1986.9 於鄭州

意 拳 要 述❶

王薌齋

自 志

　　拳道之大，實為民族精神之需要，學術之根本，人生哲學之基礎，社會教育之命脈。其使命要在修正人心，抒發感情，改造生理，發揮良能，使學者精明體健，利國利群，故不專重技擊之一端也，若能完成其使命，則可謂之拳，否則是異端耳。習異拳如飲鴆毒，其毒其害不可勝言也。余素以己立人為懷，觸目痛心，不忍坐視，本四十餘年習拳經驗，探其真義之所在，參以學理，澄以體認，袪其弊，發其秘，捨短取長，去偽存真，融會貫通以發揚光大之，今成一種特殊拳學。而友人多試之甜蜜，習之愉快，因簽以「大成」二字為吾拳，欲卻之而無從焉，聽之而已。

　　今夫本拳之所重者，在精神，在意感，在自然力之修練。統而言之，使人身與大氣相應合；分而言之，以宇宙之原則原理以為本，養成神圓力方，形曲力直，虛實無定，鍛成觸覺活力之本能。以言其體，則無力不具，一言其用，則有感即應。以視彼一般拳學家，多因注重方法和形勢，講蠻力者，固不可相提並論也。誠以一般拳學家多因注重形勢與方法，而演成各種繁沉畸形怪狀之拳套。

　　更因講求蠻力之增進，而操各項激烈運動，誤傳誤授，自尚以為得意者，殊不知盡是戕生運動，其神經、肢體、氣

管、筋肉，已受其摧殘而至頹廢，安能望其完成拳道之使命乎。余雖不敢謂本拳為無上之學，若以現代及過去而論，信他所無，而我獨有也。學術應一代高一代，否則錯誤，當無存在之必要矣！

余深信拳學適於神經、肢體之鍛鍊，方因而益智，尤適於肌肉之溫養、血液之滋榮。更使呼吸舒暢，肺量加強，而本能之力亦隨之漸長。而實現一觸即發之功能。至於較力之要，用功之法，統於篇內述之，茲不贅述。但次篇原為同志習拳較易而設非問世之文也。

蓋因余年已老，大家迫求，只得留以驚鴻爪形於泥雪中尋之，茲將平日所學，拉雜記載留作參考。將來人手一篇，領會較易但余素以求知為職志，果有海內賢達，對本拳予以指正，或進而教之，則尤感焉，以一得之愚，得藉他山之助，而念進益，日後望徒學諸生，虛心博訪，一方面盡量問難，一方面盡力發揮，倘有心得，希隨時共同研究，以求博得精奧，而期福利人群，提高人民體育之水準，實為所得，否則毫無價值也。如此提高而不果，是我輩精神之不篤，或智力未符故耳。夫學術本為人類所共有，余亦何人，而敢自秘，所以不揣簡陋，努力而成是篇。

余不文，對本拳之精微，不能闡發淨盡。所寫者，僅不過目錄而已，實難形容其底蘊，以詳我心中之事矣，一隅三反，是在學者。余因愛道之誠，情緒之熱，或不免言論之激，失之狂放，知我罪我，笑罵由人。

習拳述要

近世操拳學者，多以筋肉之暴露、堅硬，誇示人前，以為運動家之表現，殊不知此種畸形發達之現象，既礙衛生更

無他用，最為生理家所禁忌，毫無運動之價值也。近年以來，余於報端，曾一再指摘其非。雖有一般明理之士，感表同情，而大都仍是庸俗愚昧，忍心害理，尤其信口詆人，此真不齒，故終不免有諸多唧怨者。大凡從來獨抱絕學，為人類謀福利者，與極忠誠之士和聰明絕頂者，社會從來鮮有諒解，水準之低，蓋可想見。

余為拳道之永久計，實不敢故其私，希海內賢達，其諒鑒之。按拳道之由來，原係採禽獸搏鬥之長，相其形，會其意，逐漸演進，合精神假借一切法則，始匯成斯技，奈近代拳家，形都不似，更何有益於精神於意感乎。然亦有云，用力則滯，用意則靈之說，尋其所以，則又瞠然莫辨，用力則肌肉滯，而百骸不靈，且不衛生，此故然矣；然在技擊方面言之，用力則是力窮，用法則是術罄，凡有方法，便是局部，便是後人之人造，非本能之學也。而且精神便不能統一，用力亦不篤，更不能假以宇宙力之呼應，其神經已受其範圍之所限，動作似裹足而不前矣，且用力乃是抵抗之變相。抵抗是畏敵擊而起，如此豈非接受對方之擊，則又安得不為人擊中乎。用力之害誠大矣哉。要知用力用意乃同出一之源，互相為之，用意既是用力，意即力也。然非肌肉凝緊注血之力謂之力，若非用意支配全體之筋肉鬆和，永不得伸縮自如，遒放致用之活力也，既不能有自然之活力，其養生與應用，吾不知其由何可以得。要知意自形生，力隨意轉意為力之帥，力為意之軍，所謂意緊力鬆，筋肉空靈，毛髮飛漲，力生鋒棱，非此不能得意中之自然天趣。

本拳在二十年前，曾有一度稱為「意拳」之名，舉「意」字以概精神，蓋即本拳重意感與精神之義也。原期喚醒同人，使之顧名思義覺悟其非，而正鵠是趨。熟知一般拳家，各懷私見，積中難返。多不肯平心靜氣，捨短取長，研

討是非之所在，情甘抱殘守缺，奈何奈何。遂致余願，無由得償，吁可嘆也。余之智力所及，絕不甘逐波隨流，使我拳道真義永墮沉淪，且猶不時大聲疾呼，冀以振其麻痺而發猛醒，此又區區之誠，不能自己者也。

論信條與規守

拳學一道不僅鍛鍊肢體，尚有重要意義存焉，就傳統而言，首中德性。其應遵守之信條，如尊親、敬長、重師、校友、仁愛等皆是也。此外更須有俠骨佛心之熱誠，捨己從人之蓄志，苟不得具備則不謂拳家之上選。至於渾厚深沉之氣概，堅忍果決之精神抒發人類之情感，敏捷英勇之資質，尤為學者所必備之根本要件，否則恐難得傳，即傳之則亦難得其神髓矣。故先輩每於傳人之際，必再三審慎行之者，蓋因人才難得，不肯輕錄門牆。至於傳授之程序，率皆以四容五要為本。如：頭直、目正、神莊、聲靜，再以恭、慎、意、切、和五字訣示之。茲將五字訣歌解列於後，以示其意。

習拳既入門，首要尊師親，尚友須重義，武德更謹遵，動則如龍虎，靜如古佛心，舉心宜恭慎，如同會大賓。恭則神不散，慎如深淵臨，假借無窮意，精滿混元身。虛無求真切，不失中和均，力感如透電，所學與日深。運聲由內轉，音韻似龍吟，恭慎意切和，五字秘訣分。見性明理後，反向身外尋，莫被法理拘，更勿終學人。

論單雙重與不著象

以拳道之原則原理論，勿論平時練習，抑在技擊之中，須保持全身均整，使之毫不偏倚，凡有些微不平衡，即為行

著象，力亦破體也。蓋神形意力皆不許有著象，一著象便是片面，既不衛生，且易為人所乘，學者宜謹記之。

夫均衡，非呆板也。稍板則易犯雙重之病，然尤不許過靈，過靈亦易趨於華而不實也。須要具體舒放、屈折含蓄，如發力時亦不許斷續，所謂力不亡者也。蓋雙重非專指兩足部位而言，頭、手、足、肩、肘、膝、胯，以及大小關節，即一點細微之力，都有單雙、鬆緊、虛實、輕重之別。今之拳家大都由片面之單重走向絕對之雙重，更由絕對之雙重而趨於僵死之途。甚矣。單雙重之學，愈久則愈湮沒矣。就以今之各家拳譜而論，亦都根本失當，況其作者盡是露形犯規，而大破其體者。所有姿勢誠荒天下之大唐，麻世人之肉矣，愈習之則愈去拳道之門徑遠甚。不著象而求死板，一著象則散亂無章，總然身遇單重之妙，因無能領悟，此亦無異於雙重也。非弄到不舒適、不自然、百骸失正而為止，是以不得不走入刻板方法之途徑，永無隨機而動，變化無方，更無發揮良能之日矣。噫。亦誠可憐之甚矣。至於神與意之不著象，非應用觸覺良能之活力不足以證明之。比如雙方決鬥，利害當前，間不容緩，已接未觸之時，尚不知應用者為何，解決之後，復不知適間所用者為何，所謂不期然而然，莫知至而至。又謂極中致和，本能力之自動良能者也。

抽象虛實有無體認

習拳入手之法，非指一端。而其結晶之妙，則全在於神形意力之運用，互為一致。此種運用，都視之無形，聽之無聲，無體亦無形象。要以有形而論，其勢如空中之旗，飄擺無定。惟風力之是應，即所謂與大氣之應合；又為浪中之魚，起伏無定，縱橫往還，以聽其觸，只有一片相機而動，

應感而發和虛靈守默之含蓄精神。要在案以虛無而度其有，亦以有處而揣其無，誠與老莊佛釋，無為而有為，萬法皆空，即為實象。一切學理多稱謹似，又如倪黃作畫，各以峭逸之筆，孤行天壤，堪稱並論也。其機其趣完全在於無形神似之間，度其意可以求之，所以習時要有對鏡操作之戒者，恐一求形似，則內虛而神敗矣。

習時須假定三尺以外七尺以內，四圍有大刀闊斧之巨敵，與毒蛇猛獸蜿蜒齊來，其共爭生存之情景，須當以大無畏的精神而應付之。以求虛中之實，如一旦大敵林立，在我如入無人之境以周旋之，則為實中之虛，要在平時操作體認含蓄、修養，總之，都是由抽象得來的。所謂神意足不求形骸似，更不許存有對象而解脫一切者是也。

切記，習時要慢，而神宜速，手不空出，意不空回，即些微細小之點力動作，亦須具體無微而不應，內外相連，虛實相需，而為一貫，須要無時無處不含有應付技擊之本能，倘一求速，則一切經過之路徑，滑然而過。再由何而得其體認之作用乎。是故初學時，要以站椿為基礎，漸漸體會而後行之，總之需要神、形、意、力成為一貫，亦需四心相和合（四心者，即頂心、本心、手心、足心是也），神經統一，一動無不動，亦更無微而不合，四肢百骸，悉在其中，不執著，不停斷，再與大氣相呼應，各點力之鬆勁，互以為用，庶乎可也。離開己身，無物可求，執著己身，永無是處，皆哉斯言也，細心體會，自不難窺拳道之堂而漸知其奧也。

總　綱

拳本服膺，推名大成，平易近人，理趣叢生，一法不立，無法不容。拳本無法，有法也空，存理變質，陶冶性

靈，信義仁勇，悉在其中，力人自然，矯健猶龍，吐吶靈源，體會功能，不即不離，禮讓謙恭，力含宇宙，發揮良能，持環得樞，機變無形，收視聽內，鍛鍊神經，動如怒虎，靜似蟄龍，神猶霧豹，力若犀行，蓄靈守默，應感無窮。

歌　要

古人多以歌要之法，為教授之具，謹將此意，略加變更，編此歌訣，以餉學者。

拳道極細微，勿以小道視，開關首重武，學術始於此，當代多失傳，荒唐無邊際，本拳基服膺，無長不匯集。切志倡拳學，欲復古原始，銘心究理性，技擊乃其次，要知拳真髓，首由站樁起，意在懸空間，體認學試力，百骸撐均勻，曲折有面積，彷彿起雲端，呼吸靜細長，舒適更悠揚，形象若瘋痴，絕緣屏雜念，斂神聽細雨，滿身空靈意，不容粘毫羽，有形似流水，無形若大氣，神綿覺如醉，悠然水中宿，默對向天空，虛靈須定意，洪爐大冶身，陶熔物不計，神機自內變，調息聽靜虛，守靜如處女，動似蟄龍舉，力鬆意須緊，毛髮勢如戟，筋肉道欲放，支點力滾絲，螺旋力無形。便身彈簧似。關節若機輪，揣摩意中力，筋肉似蛇驚，履步風捲席，縱橫起巨波，若鯨游旋勢，頂上力空靈，身如繩吊繫，兩目神凝斂，聽內耳外閉，小腹應常圓，胸間微含蓄，指端如透電。骨節鋒棱起，神活逾猿捷，足踏貓距似，一觸即爆發，炸力無斷續，學者莫好奇，平易生天趣，神動如山飛，運力如海溢，反嬰尋天籟，軀柔似童浴，勿忘勿助長，升堂漸入室，如或論應敵，拳道微末技。首先力均整，樞紐不偏倚，動靜互為根，精神多暗示。路線踏重心，鬆緊不滑

滯，旋轉謹穩準，鉤錯互用宜。利鈍智若愚，切審對方意，
隨曲屈就伸，虛實自轉移，蓄力如弓滿，著敵似電急，鷹膽
虎視威，足腕如兜泥，鵲落似龍潛，混身盡爭力，蓄意肯忍
狠，膽大心要細，劈纏躦裹橫，接觸揣時機，習之若恆久，
不期自然至，變化形無形，周旋意無意，叱咤起風雲，包羅
小天地，若從跡象比，老莊與佛釋，班馬古文親，右軍鐘張
宇，大李王維畫，玄妙頗相似，造諧何能爾，善養吾浩氣，
總之盡抽象，精神須切實。

練習步驟

本拳之基礎練習，即為站樁。其效用在能鍛鍊神經、調
劑呼吸，通暢血液，舒和筋肉，誠養生強身益智之學也。亦
為衛生運動，其次為試力、試聲、假想體認各法則，更次為
自衛，與大氣之呼應與波浪之鬆緊、良能之察覺，虛實互為
根之切要，茲將各階段逐述於後。

1. 站 樁

站樁，即立穩平均之站立也。初習為基本樁。習時須首
先將全體之間架配備安排妥當。內清虛而外脫換，鬆和自
然，頭直、目正、身端、頂豎、神壯、力均、氣靜、息平、
意思遠望，發挺腰鬆，身體關節似有微曲之意，掃除萬慮，
默對長空，內念不外游，外緣不內侵，以神光朗照顛頂，虛
靈獨存，渾身毛髮有長伸直豎之勢，周身內外激蕩回旋，覺
如雲端寶樹，上有繩吊繫，有本支撐，其悠揚相依之神情，
喻曰空氣游泳，殊相近似也。然後再體會肌肉細胞動蕩之情
態，鍛鍊有得，自知為正常運動。夫所謂正常者，即改造生
理之要道，能使貧血者可以增高，血壓高者使其下降，而達

正常。蓋因其無論如何運動，永使心臟之搏動不失常態，平衡發達，然在精神方面，須視此身為大冶洪爐，無不在陶熔體認中。但須察覺各項細胞，為自然的同時的工作，不得有絲毫勉強，更不許有幻想，如依上述鍛鍊，則具體之肌肉，不鍛而自鍛，神經不養而自養，周身舒暢，氣質亦隨之而逐漸變化，其本能自然之力，由內而外，自不難漸漸發達。但切記身心切不可用力，否則稍有注血，便失鬆和，不鬆和則氣滯而力板，意停而神斷，全體皆非矣。總之，不論站樁、試力或技擊，只要呼吸一失常，或橫隔膜一發緊，便是錯誤，願學者宜慎行之，萬勿忽視。

2. 試　力

以上的基本練習，既有相當基礎後，一切良能之發展，當日益增強，則應繼續學習試力工作，體認各項力量之神情，以期真實效用。此項練習為拳中之最重要，最困難之一部分工作。蓋試力為得力之由，力由試而得知，更由知始能得其所以用。習使須使身體均整，筋內空靈，思具體毛孔無根不有穿堂風往還之感，然骨骼毛髮都要支撐遒放，爭斂互為，動愈微而神愈全，慢優於快，緩勝於急，欲行而又止，欲止而又行，更有行乎不得不止，止乎不得不行之意，以體認全體之意力圓滿否，其意力能不能隨時隨地應感而出否，全身之本能與宇宙之力能否起感應，假借之力果能成為事實否。欲與宇宙力起應合，須先與大氣發生感覺，感覺之後漸漸呼應，再試氣波之鬆緊與地心爭力作用。習時須體會空氣阻力何似，我即用與阻力相等之量與之應合，於是所用之力自然無過亦無不及，初試以手行之，逐漸以全體行之，能認識此種力，良能漸發，操之有恆，自有不可思議之妙，而各項力量也不難入手而得，至於意不使斷，靈不使散，渾噩一

致，動微處牽全身，上下左右前後不忘不失，非達到舒適得力，奇趣橫生之境地，不足曰得拳之妙也。所試各力，名稱甚繁，如蓄力、彈力、驚力、開合力以及重速、定中、纏綿、撐抱、惰性、三角、螺旋、槓桿、輪軸、滑車、斜面等種切力量，亦自然由試而得知。蓋全體關節無微不含屈勢，同時亦無節不含放縱與開展，所謂遒放互為，固無節不成鈍三角形，且無平面積，尤無固定之三角形（不過與器械之名同而法異）。

蓋拳中之力，都是精神方面體認而得知。形則微矣。表面觀之，形似不動，而三角之螺旋，實自輪旋不定，錯綜不已。要知有形則力散，無形則神聚，非自身領略之後不能知也。蓋螺旋力，以余之體認觀之，非由三角力不得產生必也。而所有一切力量，都是筋肉動盪與精神假想參互而為，皆有密切聯帶之關係，若分而言之，則又走入方法之門，成為片面耳。所以非口傳心授，未易有得，更非毫端所能形容，故不必詳述也。

總之，一切力量都是精神之集結，緊密，內外，含蓄一致而為用。若單獨而論，則成為有形則破體，而成機械之拳道，非精神意義之拳也。余據四十餘年體會操存之經驗，吾感各項力量，都由渾元擴大，空洞無我產生而來，然混元空洞亦都由細微之稜角漸漸體會，方能有得。是以吾又感天地間一切學術，無不感矛盾，同時亦感無一不是圓融，統一矛盾，始能貫通，方可利用其分工合作，否則不易明理。至於用力之法，渾噩之要，絕不在形式之好壞，尤不在姿勢之繁簡。不論單出、雙回、齊出、獨進、橫走、直撞、正斜互爭、渾身之節點、點、面、線、一切法則無微不有先後、輕重、鬆緊之別，但須形不外露，力不出尖，亦無斷續，更不許有輕重方向之感，不論試力或發力，段保持具體鬆和，發

力含蓄而有聽力，以待其觸。神宜內斂，骨宜藏棱，要在身外三尺以內，似有一層羅網保護之，而包羅之內，盡如刀叉勾錯，並蓄有萬弓待發之勢，然都在毛髮筋肉伸縮撥轉，全身內外無微不有滾珠起棱之感，他如虛無假借種種無窮之力，言之太繁，故不具論，學者神而明之。

以上各力，果身得之後，切莫以為習拳之道已畢，此不過僅得些基本而已，而始有學拳之可能性，若動作即能鬆緊，緊鬆勿過正，實虛虛實得其平之樞中訣要，則又非久經大敵，實作通家，不易得也。然則須要絕頂天資，過人氣度，尤須功力為篤純，方可逐漸不加思索，不煩擬意，不期然而然，莫知至而至，本能觸覺之活力也。具體及細微之點力，亦須切忌無的放矢之動作。然而又非做到全體無的放矢而不可，否則難能得其妙。

3. 試　聲

試聲為輔助試力細微所不及，其效力在運用聲波鼓蕩全體之細胞工作，其原意不在威嚇，而聞之者則起猝然驚恐之感，實因其聲力併發，與徒作喊聲意在威嚇者不同，試聲口內之氣不得外吐，乃運用聲由內轉功夫，初試求有聲，漸以有聲而變無聲，蓋人之聲各異，惟試聲之聲，世人皆同。其聲如幽谷撞鐘之聲相似。老輩云：試聲如黃鍾大呂之本，非筆墨毫端可以形容。須使學者觀其神，度其理，聞其聲，揣其意，然後以試其聲力之情態，方能有得。

4. 自　衛

自衛，即技擊之謂也。須知大動不如小動，小動不如不動，要知不動才是生生不已之動。比如機械之輪或兒童之捻轉兒，快到極點，似乎不動。如觀之已動，則是將不動，是

無力之表現矣。所謂不動之動速於動，極速之動猶不動，一動一靜，互根為用。其運用之妙，多在於神經支配、意念領導與呼吸之彈力、樞紐之穩固、路線之轉移、重心之變化。以上諸法，若能用之得機適當，則技擊之基礎備矣。亦須在平日養成隨時隨地一舉手一抬足，皆含有應機而發之準備，要在虛靈含蓄中意感無窮，方是貴也。

然在學者於打法一道，雖無足深究，然似有需要必經之過程，如對方呆板、緊滯，且時刻表現其重心路線部位之所在，則無足論矣。倘動作迅速身無定位而活若猿捷，更不必曰各項力之具備，就以其運動之速，則亦非一般所能應付，故平日對於打法亦應加以研究。習時首先鍛鍊下腹充實，臀部力穩，頭、手、肩、肘、胯、膝、足，各有打法。至於提打、鈎打、按打、掛打、鋸打、鑽打、搓打、錯打、拂打、疊打、裏打、踐打、截打、堵打、摧打、撥打、滾力打、支力打、滑打、粘力打、圈步打、引步打、進步打、退步打、順步打、橫步打、整步打、半步打、斜面正打、正面斜打、具體之片面打、局部之整體打、上下捲打、左右領打、內外領打、前後旋打，力斷意不斷，意斷神猶連，動靜已發未發之機和一切暗示打法，雖係局部，若非實地練習，亦不易得。然終是下乘功夫，如聰明智慧者則無須習此。

5. 技擊樁法

技擊樁與基本樁，神形稍異，然仍依原則以為本，步如八字形，亦名丁八步，又為半丁半八之弓箭步也。兩足重量前三後七，兩臂撐抱之力內七外三，何時發力，力始平均，平衡之後，仍須返原。如槍炮之彈簧，伸縮不斷之意。兩手足應變之距離，長不過尺，短不逾寸，前後左右互換無窮，操之愈熟，愈感其妙。至於鬆緊沉實之利用，柔靜驚彈之揣

摩，路徑之遠近，間架之配備，發力之虛實，宇宙之力波以及利用時間之機會，然後逐漸研討，學術之整個問題，在平時須假定虎豹當前，蓄勢對搏，力爭生存之際，此技擊入手之初不二法門，亦為最初之法則。

茲再申述神、意、力三者之運用如下：

6. 神意之運用

技擊之站樁，要在具體空靈均整、精神飽滿，神猶霧豹，意若靈犀，具有烈馬奔放，神龍嘶噬之勢。頭頂項豎，頂心按縮，周身鼓舞，四外牽連，足趾抓地，雙膝撐抱，力向上提，足跟微起，有如巨風捲樹，思有拔地欲飛，擰攏橫搖之勢。而具體則有撐裹豎漲、毛髮如戟之力，上下樞紐曲折百繞，重線自乘，其抽撥之力，要與天地相爭，肩撐肘橫，裹捲回還，撥旋無已，上兜下墜，推抱互為，永不失平衡均整之力。

指端斜插，左右鉤撢，外翻內裹，有推動山岳地球之感，筋肉含力，骨節生棱，具體收斂，要知思動，含蓄吞吐，運力縱橫，兩肩開合，有橫滾推錯兜捲之力，毛髮森立，背豎腰直，小腹常圓，胸部微收，動則如怒虎出林，有搜山欲崩之狀，全體若靈蛇驚變之態，亦猶似火燒身之急，更有蟄龍震電直飛之神氣，尤感筋肉之激蕩，力如火藥，手如彈，神機微動鳥難飛，頗似有神助之勇焉。

故凡遇之物，則神意一交，則如網天羅，無物能逃，如雷霆之鼓舞，鱗甲雪霜之肅草木，且其發動之神速，更無物可以喻之，是以余於此種神意運動，命名之曰「超速運動」。言其速成度之快，超出一切速度之上也，以上所言，多係抽象，而精神方面須切實為之，以免流入虛幻也。

7. 力之運用

神意之外，力之運用更為切要，且係良能之力，此非面力也。惟大部分須試力上求之，習時須先由節段面積之偏倚而求力量之均整，繼由點力之均整，揣摩虛實之偏倚，復由偏倚之鬆緊，以試發力之適當，更由適當之發力，利用神光離合之旋繞與波浪彈力之鋒棱，再以渾身毛髮有出詢問路之狀，而期一觸即發之功能。且時時準備技擊之攻守，亦時刻運用和大敵之周旋，尤須注意發力所擊之要點，萬不可無的放矢，見虛不擊擊實處，要知實處正是虛，虛實轉移樞紐處，若非經歷永不知，混擊蠻打亦有益，須看對手他是誰，正面微轉即斜面，斜面迎擊正可催，勤學勿懈力搜求，靜謹意切靜揣思。

技擊在性命相搏一方面言，則為決鬥，決鬥則無道義，更須抱定肯、忍、狠、謹、穩、準六字決要，且與對方抱有同死決心，若擊之不中，自不能擊，動則便能致其死，方可擊之。其決心如此，自無不勝。此指勢均力敵者而言，如技能稍遜，不妨讓之。若在同道相訪，較試身手方面言之，則為較量，較量為友誼研討性質，與決鬥不同，須首重道義，尤須觀察對方之能力如何，倘相差甚遠，則須完全讓之，使其畏威懷德為切要。

較量之先，須以禮讓為先，言詞應和藹，舉動要有禮度，萬不可驕橫狂躁，有傷和雅。夫而後武德可以漸復，古道可以長存，實我拳道無尚光榮，則余有後望焉。

論拳套與方法

拳之深邃本無窮盡，縱學者穎悟絕世，更要具篤信力行

之精神，終身習行，亦難究其極，而拳套與方法，所謂人造之拳架子是也。自滿清三百餘年來，為一般門外漢當差表演而用，即拳混子謀生之工具。果欲研究拳道者，則又何暇而學此？非但毫無用處，且於神經、肢體、腦力諸多妨礙，戕害具體一切良能，故習此者概乏智識，而於應用尤不合適，且害處極多，筆難盡罄，對於拳之使命，衛生原則，相距太遠，則根本不談，對於較技，設不用方法拳套，而蠻幹混擊或不致敗，倘或用之，則必敗無疑。至謂五行生剋之論，則尤妄甚，在決鬥勝負一瞬之間何暇思考，若以目之所見，一再思察，然後出手以應敵，鮮有不敗者。生剋之論，吾恐三尺孩童亦難盡信，（夫誰信之？）可詢之於決賽過者，自知吾言非謬也。見漢書洪範五行識，乃指政治、人民需要、開發金、木、水、火、土應用而言，後輩不學無識之庶，濫用，妄為偽造，致演為世之所謂五行生剋之論，此不過為江湖之六信口云云而已，豈學者也可讀此乎？蓋拳套一項，大都知係人偽造，然招勢方法又何嘗不是人所為？皆非拳之原則發揮本能之學也。縱有純篤之功夫，信於堅忍恆心毅力而為，然亦終歸是捨精華而就糟粕者也。要知拳學根本無法，亦可云無微不法，一有方法，精神便不一致，力亦不篤，動作散慢不果速，一切不能統一，更有背於良能。所謂法者，乃原理原則之法，非枝節片面之刻板方法而為法，習枝節之法，猶之庸醫然，所學者都是備妥藥方，以待患者，而患者切須可方患病，否則無所施其技矣。凡以拳套方法而為拳，是不啻以蛇神牛鬼之說而亂大道，皆拳道之罪人也。嘆今之學者，縱有精研之志，若無入徑之門，故余不顧一切，誓必道破其非。夫拳套方法既屬毫無用途而且有害，而傳者習者尚不乏人者，何也？概因知識薄弱，好奇想異，即告之以真，彼亦難悟，悟亦難行，蓋習之者，咸以拳套方法，藉以

眩人而誇世，而傳之者更以拳套方法以欺人，且尤藉以消磨時間而便於謀生，況根本不識拳為何物？故相率以己誤誤人，永無止境，誠可憐可哭，亦復可氣也。噫，豈僅拳之一道，吾感一切學術，大都亦是畸形發展，余實不忍目睹同好者走入迷途之浩劫而不救，故不惜本我多年的體認幾實地之經驗，所得所知，反覆申論，以正其妄，而期喚醒同胞，勿復執迷不悟也。大凡天地之間高深學術，皆形簡意繁，而形勢複雜者絕少精義，固不僅拳道然也。顧同志三思之。

論拳與器械之關係

古云：「拳成兵器就，莫專習刀槍」。若能獲得拳中之真理，對各項力之功能與節段面積之屈折，長短斜正之虛實、三段九節之功用、路線高低之方向和接觸時間之火候，果能意領神會，則無論刀槍劍棍種種兵器（稍加指點，俱無不精，即偶遇從無見聞之兵器），且執於使用該兵器專家之手，彼亦不敵，何則，比如工程師比小爐匠、醫博士比護士、根本無比例之可擬也。

論點穴

點穴之說世人皆以為奇，有云點穴道者，有云時間者，其種種分論不已，聞之令人生厭欲嘔，所論皆非也。蓋雙方較技，勢均力敵，不必曰固定之穴道不易擊中，即任何之穴道亦難擊中，如僅以某穴之可點，再加以時間之校對，則早被對方擊破矣。總之，若無拳道根本之能力，縱使其任意戳點，亦無所施其技，即幸而點中，亦無效果，若已得拳中之真實理力，則無論兩肋前胸之某一部位，一被擊中立即致

死。非有意點穴，而所至之處，則無不非穴，若僅學某處是穴、某時可點，其道不愈疏遠乎？

天賦與學術之別

世人常云，某甲身高八尺，力逾千斤，其勇不可擋。要知身高八尺，力逾千斤，只可謂得天獨厚，不得以代表拳學也。又云某一拳擊斷巨磨石，單掌劈碎八塊磚，及前縱一丈，後躍八尺，果能如此，僅不過愚人局部功夫耳，則必將走入廢人途徑，此且不談，然都不可以拳道目之，以上所談，世為多以為特殊奇士，若遇通家，則毫無能為，至論飛檐走壁劍俠之說，此皆小說家夢想假造，只可付之一笑，如開石過刀槍，乃江湖中所謂吃托之流，此下而又下，不值一道。

解除神秘

每有天資歷低而學識淺者，其為人忠誠，然已承師教，且有深造獨專，絕大純篤之功夫，雖係局部，但多不及聽其言論之玄妙，觀其效用之功能，識別淺者即以為人莫能此，便以神秘視之，殊不知神秘之說，根本荒謬，概由智識薄弱，鑒別力淺及體認未精而起，即或偶爾僥倖，得到拳中真義，奈無能力領悟而漠然放過，所以每於理趣較深者，輒起一種神秘思想，若夫習之深，見聞廣，如有所遇，自然豁然洞悉，而不疑有他，凡事皆然，豈獨拳學哉？

知行解釋

學術一道，要在知而能行，行亦能知，否則終不免欺人

自欺，妄語叢叢，言之多無邊際，知行二字，名雖簡易，實則繁難，世云有謂知難行易者，亦有云知易行難者，更有謂知雖難而行尤不易與知行合一，凡事本無難易者，以上所談，各具有理，然究屬籠統且多片面，不能使人徹底明瞭。

余以為凡對一門學術，如有深刻之功夫，必有相當之效果，而因知識所限，不能道其所以然者，皆可云知難行易，如知識豐富功深篤，知雖易而行亦不難，倘無功力又乏智識，則知行二字皆不可能。

學術本無心境，其有若干知或有若干行，行到如何地步，知道怎樣程度方為真知真行？

則余實難加以論定，然應以能知者即能行，能行者也能知，始可謂知行一致，非由真知永無真行之一日，亦非由真行弗兌有真知之時也。誠以相需而相成不二真理，學術皆然，武德尤甚。蓋因此道中須時刻兌現，雙方相遇，無暇思考，更不容老生常談。

夫學術一道，首要明理，更須切實用功，若不首先明理，不知用功切要之所在，易於走入歧途，功夫愈深戕害愈烈，不論讀書寫字任何藝術，往往在幼時多以為可造，豈知年長功深，名揚天下者，反不堪造就矣，比比皆是。蓋因師法不良，用心不細，追求學理，人學亦學，人云亦云，所謂盲從者是也。

若習而不果，則亦永無體認之可言。茫然一生，毫無實際，且易起神秘思想，終不得望見門牆，由是而罄其所學，而終無體認也。哀哉！

須知巧者不過是習者之門，文曰：子孫雖愚讀書不可免，亦要明理，更要實踐，表裡內外，互相佐之，否則終難入軌。

拳道喪失之原因

習拳之要有三原則：一健身，一自衛，一利群。利群為吾人之天職，亦為基本要項，然一切之一切，則須完全由於身心健康中得來，不健康絕無充足之精神，精神不足亦無可歌可泣之事跡，且不必曰殺身成仁、捨生取義，吾恐其見人溺水或自縊，亦將畏縮而不前也，況路見不平拔刀相助哉？不但此也，凡身上弱者，多氣量小且情緒惡，雖容物怡情亦非身體健康不可也。健身為人生之本，習拳為健身之基，一切事業悉利賴之，其關係既如是之大，豈能任其以偽亂真，欺天下萬世而不辯乎？按拳道之起初最簡，而後始趨繁雜，夫拳道為改善生理之工具，發揮良能之要訣，由簡入繁則似乎可也。由繁而簡，違背生理之原則原理，則不可。形意拳當初有三拳，且三拳為一動作，所謂踐、鑽、裹，若馬奔連環一氣，演為三種力之合一作用也，至五行十二形亦包括在內，蓋五行原為代五種力之名詞，如十二形乃謂十二種禽獸各有特長，應博取之，非單獨有十二形及各種雜類拳套也。八卦拳也如是，起初只有單雙換掌，後因識淺者流，未悉此中真義，竟忘為偽造至演有六十四掌及七十二腿等偽式，非徒無益而又有害之。太極拳流弊尤深，惟其害不烈，於生理方面，尚不十分背謬，但一切姿態亦毫不可取。如以該拳譜論，文字較雅，惜精義少而汎汎多，且大多有籠統之病。總之，按近代所有拳術，根本談不上養生與技擊之當否，亦無一法能合乎生理要求者。余四十餘年來，足跡遍於大江南北，所遇拳家有萬千，從無見有一式而能得其均衡者，而況精奧乎？夫拳本形簡而意繁，且有終生習行而不能明其要義者，至達於至善之境地，則尤屬鳳毛麟角，又況於此道根本

不同。此非拳道之原理，難明其因，一般人缺乏平易思想與堅強的意志。降及今世，門戶疊出，招式方法多至不可名狀，詢其所以，曰博美觀以備表演耳。習拳若以悅人為目的，是何如捨習拳而演戲劇乎？且戲劇中尚有不少有本之處，較之一般拳家誠高一籌也。每聞今之習拳者，常與人曰能會若干套與幾多手而自鳴得意，殊不知識者早經竊笑於旁，更為之嘆息不置也。然則拳道之喪失，豈非拳套方法為之歷階，數百年相習既已成風，積重難返，下焉者流，推波逐瀾，致演為四象五行之說，九宮八卦之論，以及河洛之學者，凡荒唐玄奇之詞，盡量採用而附會之，使學者不明真象，惑於瞽說而趨之若鶩，其原道原理，焉得不日就撕滅哉？此外尚有學得幾套刀槍劍棍，欲假此而謀生，幸而機遇巧合，其計獲售。而因謀生之願遂，認為有機可乘，爭相效法，布滿社會，此等怪行不惟拳道之真義背棄無餘，而尚義俠骨之風亦相與隨之而俱廢。然其間或不免有特達之士，能窺拳中奧蘊者，惜又為積習成見所圍，不肯將所得精華明以示人，豈知江洋之水何患人掏，是何因所見之不廣其小若是耶？夫學術本為人類所共有，苟有所得，理應供諸社會，焉可以私付密，使人湮沒不彰乎？邇來更聞有依傍佛門，說神說鬼，妄言如何修道如何遇仙，其荒誕不經又如邪怪亂道之尤甚者，良可慨也。夫今為科學昌明之時代，竟敢做此野狐之謬說，傳之人口，布諸報端，此種庸愚昏憒之徒，真不知人間尚有羞恥之事矣。佛如有靈，不知對此流謬種之類作何相思歟？世間求名謀生之道，不只一端，何必利用社會短暫之弱點自欺欺人，興言及此不禁為拳道悲，二更為世道人心嘆也。拳道之陵替，固因罪康、雍二世，以其時倡之不以其道也。然亦歸咎於同志智識不足，根性不良以致其所惑，迄今以誤傳誤，而於此道都莫能識辨，即或聞有覺悟者，又因

保守門戶之成見，而是非人遂愈趨而愈下也。拳之一道，學之得當有益身心，更可補助一切事業之不及；學之不當能使品德、神經、肢體、性情都致失常，且影響生命，因而誤及終身。謂余不信，請看過去拳術名家，因筋肉失和而罹癱瘓下萎者，比比皆是。習拳原為養生，反而戕生，結果殊可憐也。世人多呼拳道為國粹，如此國粹，豈非製造廢人之工具乎？民國十五年後，各地設有國術館，以示其各術皆不配稱當一國學也。然則此丟人喪氣毫無價值之國術，亦為我國僅有，但未悉其中尚有如此高明之奇士，能賜其偉大之命名。余不知其大膽如斯，又作何想也。至論提倡運動的大人先生們，終日振臂高呼為天下倡，豈知運動健將都是提前死亡之領導者。噫！何以盲從若是耶？惟願世人靜夜慎思，須明辨之。人生最寶貴者莫過於身體，豈能任一般盲目之支配，信意而摧殘乎？甚矣投師學技不可不慎也。余之學拳只知有是非之分，不知有門戶之派別，為使拳術昌明，願將平生所得所知交代後任，更願社會群眾無不知之，故有來者教之，向視群眾為骨肉，從不喜有師徒之稱，以期逐漸掃除門派之觀念，則拳道或可光大乎？是所願也。

解除師徒制之商榷

師徒之制譽為美德，然往往極美滿之事，行之於我國則流弊叢生，醜態百出，而拳界尤為甚焉。故社會多以為不齒學之者，意若不拜師，難得其密教之者，亦以為拜師不足以表現其親，更不肯授之以要訣，尤而效之，習為固然。噫！誠陋矣哉。姑不論膚淺者流，根本無技之可密，即或有之，則彼密勢必將至將拳道真義密之於烏有之鄉矣。甚至門牆之內，也自有其密而不傳者，余實不解其故。此真下而極下者

也。拳道之不彰有故也。夫降至今日，異拳瞽說遍天下，作俑歷階，可勝嘆哉！蓋拳道之真義，可云與人生大道同其凡常，亦可云，與天地精微同樣深奧，不明其道而習之，終身求道不得，果以其道而習之，終身習行不能盡，又何暇密之有？凡屬人類都應以同胞為懷，以饑溺自視，果肯如此而道定，否則縱使世界人類死光，只餘你一家存在，可望自私之望已極，則又將如之何？吾恐人類之幸福永絕矣。國民積弱，事事多不如人，病亦在於此也。而況學術為千古人類所共有之物，根本不應有畛域之分，更不必曰一國之內同族之中，不當有異視，即於他國別族，亦須旨抱大同，而學術當不以國界所限也，熙熙然皆生於光天化日之下，有何可密之有？其作用之卑鄙真不值一文也。是以余傳授拳學一事，從本來者不拒之旨，凡屬同好，有來則教，教必盡力，有問則告，告必盡義。惶惶然惟恐人之不能得，或無以傳人得也。故每於傳授之際，有聽而不悟，或悟而不見諸實行者，則輒起憾然之恨。唯一見其知而能行，行而有得者，則又色然喜，區區此心，以慰人為慰，未嘗以師自居也。蓋人之相與，尚精神、重感情，不在形式之稱謂。果有真實學術授人，我雖不以師居，而獲其益者，誰不懷德附義而師事之，是師之名亡而實存也，又何損焉？若以異拳瞽說以欺世，縱令拜門稱弟，而明達者一旦覺其妄，且將痛惡之不置，故又何師之有？師名雖存而實亡矣。師徒之名分一定，而尊卑觀念以起，徒對師說即覺有不當，常恐有犯師之尊嚴而不敢背，即背之，而師為自何其尊嚴計，亦痛加駁斥而不自反，此尚何學術道義之可言？師徒制之無補於拳道可概見矣。又何況門派之爭，常以師徒制之流行而益烈，入主出奴，入附出汗，紛呶擾攘，由師承而成門戶，由門戶而成派別，派別之分岐而至學理之龐雜，如此則拳道之真義，將永無昌明之

一日矣，其患不亦更甚乎？且學之有得，始乃有師，若叩頭三千，呼師八百，而於學術根本懵然，是究不知其師之所在也。要知學術才是宇宙聖神，是公有師尊，此吾所以力主師徒制之解除也。雖然此為余個人之見，而師徒制在拳界積習已久，如一時不遽除，為慎重計，則亦須俟雙方學識品德互有真切認識而後行之，藉免盲從扞格之弊，似較為妥善也。

結　論

習拳不盡在年限之遠近與功力之深淺和身體年齡之高下，更不在方法之多寡，動作之快慢，輩份之高低。要在於學術原則原理通與不通。尤須在天賦之精神，有無真實力量，再度其才志何似。始定其造詣之深淺，將來之成就至何境地也。習拳最貴明理和精神有力。換言之，有無獸性之篤力也。果能如是之力篤，再加之以修養，鍛成神志清逸之大勇，自不難深入法海博得道要，至通家而超神化之堂奧也矣。夫所謂通家者，不僅精於一門，而於諸般學術，聞其言便知其程度何似，是否正軌，有無實際，觀其作法，一望而知其底蘊，或具體或局部，或具體而微，用何法補救，自能一語道破，所謂環中，以應無窮。夫為教授者，能語人以規矩，不能示人以巧，更不得為人工，是在學者精心模仿，體會操存，然後觀察其功夫與精神合作之巧妙如何耳。

以上所談為拳道，乃拳拳服膺謂所拳，亦即心領神會，體認操存之義，非世之所見一般為之拳也。

【註釋】
❶本文原題名為《拳道中樞》。

意拳拳譜與八法訓練之法則

王薌齋

意拳拳譜（總綱）

意拳遺形，獨與力俱。集古大成，實踐服膺。
身無空勢，隨遇平衡。腳無空位，踐線踏重。
手無空蹤，沾身縱力。落無空法，抽身勁發。
蠻用拙力，戕生之道。精神內守，食力而飽。
你打你的，我打我的。力無虛靶，靶無空的。
內不外游，外不內侵。循力而行，唯奸唯詐。
寧我負人，毋人負我。放不務重，務審所達。
擊不務遠，務審所及。彼竭我盈，契機發力。
動如遇仇，不以先舉。打後要看，落水上岸。
活中反死，死中反活。拳本無法，制人以力。
有法也空，法為力居。力彌時所，凝重如泥。
四體一勁，逆物驚炸。神鬆意緊，形曲意直。
渾渾噩噩，形行拙笨。力生有兩，兩則能一。
力雖為一，發則消使。羚羊掛角，無跡可尋。
嘉被釣翁，得魚忘簽。混元驚炸，無我神化。
技到無心，信手即真。

意拳拳譜（序言）

禪家者流，乘有大小，宗有南北，道有正邪，學者，須從最上乘、具正法眼、悟第一義。若小乘禪，非正法也。論拳如論禪，已落第二義矣。

大抵禪道，惟在妙悟。拳道亦在妙悟。然悟有深淺，有分限，有透徹之悟，有但得一知半解之悟。意拳應不立招術，乃透徹之悟。不立招術，乃透徹之悟也。其它拳術，雖有所悟，但皆立招設術，俱非第一義也。若以為不然，則是見拳之不廣，參拳之不熟耳。試取外家拳譜而熟參之，次取太極、八卦而熟參之，其真是非，自有不能隱者。

夫學拳者，應以意為主，入門須正，立志須高，不可以小成為是。必以大成為志焉。

技有未到，可以加功，路頭一差，愈騖愈遠，由入門之不正也。工夫須從上坐下，不可以從下坐上，上者何，第一義也，此念醞釀胸中，久立自然悟入。雖云不至亦不失正路，此謂之而上一路也，拳之極致，有一曰力感如透電。拳而力感如透電，至矣盡矣。無以加矣。唯意拳得知之，其它拳術力感得之蓋寡也。意拳之力感如此，其力如何。此力乃人之本能活動也。人之本能活力，蓋為種種社會應力所抑制，不能欲之即出也。意拳之妙用，即在恢復人之本能活力，其它拳術，皆不能也，此即吾創此拳之目的。

1.意拳的站法

(1) 混元樁

樁法是意拳的基礎。站樁，能恢復人的本能活力，人的本能活力是什麼，首先應知道什麼是力，戰國時代的墨子，

曾給力的這個概念，下過一個科學的定義，他說，力，形之所以奮也。又說，力，重之謂也，奮，即興奮、奮鬥、奮發之奮。這就是，就形體本身而言，如果某一個形體，把它的自身的力奮出來，而加於另一個形體，使他改變位置，這種力，就成為重了，人的這種活力，用通俗的話說，就是整勁。用意拳的術語說，叫做六爭力，也叫爆炸力。站混元樁，就是要站出這種六爭力，其要領如下：

> 拳本服膺，推名大成。習拳之始，混元為勝。
> 混元樁法，博大精深。便於實搏，便於生勁。
> 拳打三節。樁有三式。高式高齊，指分掌凹。
> 中式平胸，含胸拔背。低式抱腹，溜臀提兌。
> 三弓漫月，四容端正。五字秘訣，六面爭力。
> 上柔下剛，上軟下硬。上鬆下緊，上虛下實。
> 頭頂欲飛，趾抓入地。手項互爭，兩肘相掣。
> 呼吸以腹，輕入緩出。筋絡鼓蕩，體成一塊。

六面爭力，體成一塊，這是混元樁法的關鍵。站樁時，在意念裡，要上下相爭，左右相爭，前後相爭，不論從那一方面有人一觸，即刻六面爆炸，久之，內勁真力，即本能活力自然而生。

另外，混元樁又是拳的基礎樁，即發三節拳的基礎樁。因此，個高者，要多站中式混元樁，個矮者，要多站高式混元樁。

(2)技擊樁

混元樁，是意拳的拳式基礎樁，技擊樁則是意拳的身法和步法的基礎樁。而技術的基礎是步法，因為手法好，不如身法好，身法好，不如步法好。從這個角度上講，意拳是踐拳，其要領如下：

> 身是手基，步是身基。要精拳技，須站技擊。

手隨是出，肩亦隨之。三尖齊照，踏彼中門。
指分掌凹，虎口撐圓。頭頂項豎，手頂腕挺。
左為元帥，右為將軍。右為元帥，左為將軍。
元帥抱鈎，將軍握劍。抱握含蓄，中藏八法。
肩沉肘墜，膀扣背圓。膝合腿裹，腰撐臀溜。
兩足含空，不丁不八。支撐範圍，一尺七八。
前三後七，慣力克敵。前五後五，六爭制彼。
力源於腿，腰為主宰。形於手指，勁透敵背。
內動外靜，內陽外陰。神意氣力，合一集中。
技擊樁法，式有高低。低打根節，高打稍中。
高低相輔，左右輪站。勤持此樁，技擊無隙。

技擊樁，有高低二式，這是身法，高式用於發中節拳，和稍節拳，低式用於發根節拳，前三後七，前五後五，這是步法，三七步用於發慣性力。二五步，用於發爆炸力，不論站什麼式，用什麼步，上身要柔軟鬆靈，下身要剛硬緊實。因為力於於根，這是技擊樁的關鍵，也是意拳的訣竅之所在，望學者切勿忽略。

(3)其它樁法

意拳的樁法，除混元樁、技擊樁外，還有雞樁、鷹樁、檳杆樁、彈跳樁，這些樁也要站。雞樁有二式，一個是一腿提起，足趾斜上蹺，足根繃緊，全身重量放在一條腿上，上身是技擊樁。

另一個式是一足著地，一足的足尖點地，兩脛相磨，上身仍為技擊樁，前一個式，是意拳的龍形基礎樁，不必多站，後一個式，是意拳的磨脛步的基礎樁，要多站。

鷹樁是意拳的掌法的基礎樁，要多站。

檳杆樁是意拳的檳杆力的基礎樁，也要多站。

比較重要的是彈跳樁，最初這個樁的站法是兩腳一肩

寬，足根懸起，全身重量放在足趾和前腳掌，兩臂曲蓄，高舉過頂，掌向上托。後來我覺察到這種站法有副作用，站別的樁，日久了，氣已入丹田，即已在膈膜下了，但一站此樁，就有氣上浮於胸的感覺。為此，我將此樁改了，下身不變，上身改為槓杆樁的上式，這樣，站一個等於兩個樁都站了。此樁的作用，在於培蓄兩腳、兩腿的彈力，意拳打的是踐拳，手起腳起、手落腳落，力生於根，講究腳落力出，兩腳無彈力是不行的。因此，此樁要天天站。

2. 意拳的步法

意拳的步法叫擦拉步。此種步法由兩種步法組成，即磨脛步和躦步法。磨脛步是起手步法，躦步是落手步法，要領會其要領。

躦步雞行，手起磨脛。前趨後蹬，步法六爭。
步似水中，提蹚而行。三七分明，二五要清。
手起腳起，窺彼中央。手落腳落，勢要鑽禧。
高打稍中，似直非直。低打臍腹，兩腿曲蓄。
步大則滯，步小則靈。大不重尺，小可開胯。
手隨腳起，腳隨手落。起落合一，踐拳克敵。

落步六爭，是意拳步法的關鍵，這表明，意拳的手法、身法、步法是合一的。對此，學者要反覆領會，切勿忽略。

3. 意拳的試力

此處所謂試力，是一種單項試力，與以後要講的綜合試力不同，首先要明確此種試力，所要試的力是什麼力，此種試力所要試的力，即是持樁法所站出來的那種爆炸力，即六爭力，亦即武術界所津津樂道的所謂整勁。學者應反覆琢磨其要領。

試力精深，八法之根。上是混元，下為技擊。
曲膝虛踩，三七分明。頂領開胯，二五力均。
鷹爪蛇騰，兩腳一線。步似水中，提蹚而行。
臂圓腋虛，肩撐肘橫。圓撐爆炸，落步六爭。
手落勁發，兩臂曲蓄。曲則力遠，直則力近。
力源於腿，腰為主宰。形於手指，勁透敵背。
以意導力，以力引力。舊力未亡，新力已生。
手起腳起，手落腳落。落步六爭，體成一塊。
力不出尖，落步六爭。力不空亡，運行動作。
大不過尺，小不逾寸。非此力散，力打三節。
不著形象，若著形象。技不雲彈。

以意導力，以力引力，是試力的關鍵，也是意拳之所以
是意拳的基本精神所在，學者要反覆在練習中體會這兩句
話。

我看到我的學生在試力時，把它做成八法的吞吐了，這
是把相對的東西給弄成絕對的東西了，殊失我的原意，試力
是八法之根，不單純的是吞吐，意拳是相對論，不是絕對
論。

試力在意拳裡，是模式拳，因此，它的手型是非拳非
掌，要求在試力時，要力貫指尖。你的手型一做成拳型或掌
型，就不能力貫指尖了。要注意，試力的目的是試力，而不
是練拳，只有把這種整勁試出來了，叫它能招之即來，欲之
即出，這才算收到效果，在這個基礎上開始練拳。

如果你能在試力那種動作形式裡，把整勁試出來了，那
麼用八法的任何一法，或用意拳的任何一個手法，你也就能
把整勁使出來了。於此，可以看出試力在大成拳的組成部分
裡的重要性，也可以理解到，意拳為什麼不立招術了。

4.意拳的勁力規律

力潛於體內，謂之勁。勁奮於體外，謂之力，勁力一充，謂之混元一氣，勁力之用有其規律，意拳是由六種兩類勁力規律組成的。這六種力，是爆炸力、慣性力、螺旋力（包括靜向力）、槓杆力、離心力、彈簧力。這六種力，又分為兩類，即爆炸力是一類，這是意拳的基本力，其它五種屬於引爆力一類。

意拳發力克敵主要用爆炸力，然，須有引爆力，這種引爆力有兩類，一是心理的，即是敵情觀念。用意拳的術語說，叫做意。這就是下面要領所講的敵情一動，六力流形，亦即以意導力。另一類引爆力就是上面所說那五種力，這是物理的引爆力。

下面所說，以力引力即指此。但這兩類引爆力裡，意是主要的，於此也可以理解到，我為什麼叫做意拳的緣故了。要注意玩味下面關於勁力規律的要領：

勁潛於內，不奮於外。勁力一元，謂之混元。

敵情一動，六力流形。以意導力，以力引力。

力生於根，勁溢周身。力力相因，其用不盡。

爆炸力發，六面力均。慣性特奇，使彼位移。

螺旋力厚，靜向力隨。槓杆力動，勁在兩臂。

發力之際，兩腿如簧。兩臂曲蓄，須富彈意。

離心力發，妙在磨擦。六力一意，用貫八法。

起落放膽，手到人翻。起落畏葸，己必失利。

起手要後，落手搶先。起後落先，訣在手奸，

發力原則，一字秘訣。謂之曰爭，天機要明。

意拳發力的基礎是步法。用慣性力引爆，則用三七步，用其它四力引爆則用二五步。發稍節拳或中節拳，則用技擊

椿高式，發根節拳則用其低式，發力妙訣，就在一個爭字上，即落步六爭，此乃意拳的天機，學者必須明白透徹，否則，即是意拳的門外漢。

5. 意拳的八法，即八法的模式拳

意拳的特殊的實搏的風格是，起手要後，落手搶先。起後落先，訣在手奸。奸字一字，可以概括了意拳的實搏風格，其所以能手奸，即在於意拳用的是整勁。其它拳術，也不是不想手奸，但是，奸不起來。原因只有一個，就是沒有整勁。整勁是奸的先決條件。其次，意拳把起手後、落手先給統一起來了，起手和落手，是一，不是二，落手是打，起手也是打，這兩個條件又決定了另一個條件，即兩臂運行動作小，即大不過尺，技擊射程短，即長不過尺。

另外，還有以力引力的技巧了，即八法。這八法是提、頓、吞、吐、沉、托、分、閉。

八法是六種勁力規律的具體應用，但是，八法裡面還有一些其它東西，近代科學裡有一門叫仿生學的，這門科學專研究怎樣模仿某些動物所特有的某種本能活動力，製造出某種特殊的儀器，以擴大和增強人們的感官能力，中國拳術很早就知道利用仿生的道理。模仿某些動物的特殊本能活動力來設招術。如什麼青龍探爪，什麼惡虎撲食，什麼野馬亮蹄，什麼鷂子翻身等，這些拳術的仿生招術，也仿的形，而不是仿的動物本能活動力所表現出來的勁力規律。

形意拳尚如此，其它拳術更不用問了，意拳裡的八法也有仿生，但仿的是十二種動物的某種特殊的本能活動力所表現出來的勁力規律。

六力、八法、十二形，是有機的連繫在一起的，六力、十二形組成了八法模式拳。由八法模式拳所派生出的各種手

法和拳型，又體現了六力、八法、十二形。

八法模式拳突出的表現了駘、馬、熊、猴四大形的本能活動力，要認真領會其要領。

駘形提頓發栽捶，吞吐連環如馬奔。

沉托須用熊膀力，分若猿猴撕弄人。

裏閉好似馬揚蹄，提頓務使人離地。

仿生無形學其力，力貫八法求神聚。

八法模式拳本身並不是實搏手法，而是實搏手法所由此派生的模式，模式拳體現了勁力規律，而勁力規律，必須由一定的恰當模式，即方式方法才能表現出來。意拳的八法，我認為能很充分的把六種勁力規律表現出來，從這個角度講，意拳設立八法，並不是沒立什麼招術。

意拳有一些手法，這些手法是從八法模式拳假想假借出來的。但有一個原則，就是必須符合八法，體現六力。如果把別門別戶的招術拿來，即不符合八法也不體現六力，那就不純了，練意拳要練純了，我想起一個禪門故事，唐代有個老禪師，收了許多徒弟，一日，一個小沙彌問道，師父，為什麼說即心即佛。師答，為止小兒啼。又問，啼止時如何，師答，非心非佛。

過去我曾設場授徒，有許多學生，也和那個小沙彌一樣，專愛叫即心即佛（即有招術有手法），就是不愛叫非心非佛（即無招術，無手法），我設八法以及一些手法也是為止小兒啼，當你啼止時，我將告訴你一法不立，意拳的核心是模式拳，而不是由模式新所派生出來的手法。

實際上這些手法，也是一種準模式拳或半模式拳。因此，它與在實搏中所具體應用的打法還是有很大距離的。但三者卻有一個共同點，即都體現了力。由此看來，意拳的練法，實際上是為了試力。

6. 意拳的拳型

按照人的生理構造與六力的規律，以及八法的特定模式，意拳設計了九種拳型，即劈、崩、鑽、炮、橫、裹、踏掌、托掌、指拳。劈、崩、鑽、炮、橫五種拳型是借用形意拳五行拳的名稱，但與形意拳的五行拳名同實異，意拳只講力，不講五行，更不講五行相生相剋，下面是拳型的要領：

你不起手，我不起手。你將起手，我已落手。

落手拳型，雖然有九，九型歸一，踐拳是依。

強勁露型，黏勁無跡。拳型有別，曲蓄則一。

拳發一面，制人以本。體用結合，意力統一。

手無空型，或掌或拳。手出不空，空因不齊。

力均六面，手打一節。就高打高，就低打低。

勁發之際，膝肘曲蓄。力至彼身，脆有彈意。

九型拳法，勤演勤習。與人實搏，彼不位移。

意拳落手的手型中雖然有九種，但都是踐拳，即六爭拳，出手不中力空亡，是因為不齊，沒有做到手腳齊落齊起，所出之手不是踐拳，不論用什麼手法用什麼拳型，發力都要打踐拳，這是意拳拳技的最基本要領。

上面要領裡，還有許多內容，要經常反覆領會。

7. 意拳的仿生拳

形意拳模仿十二種動物，設立了十二形拳，意拳也模仿十二種同樣的動物，設計了十二仿生拳。但意拳所仿的不是形，也不是十二種動物的所謂精神姿態，而仿的是十二種動物各自專有的本能活動力，所表現出來的某一種特殊的力，這是意拳的仿生拳，與形意拳的十二型拳根本不同的地方。於此，也可以理解到我為什麼把它叫做意拳的又一個緣故

了。

　　意拳所仿生的十二型，是龍、虎、駘、馬、熊、猴、鷺、蛇、鷹、雞、燕、鵠，下面是十二仿生拳要領。

　　龍形盤根，虎形撲人。駘形栽捶，馬形連環。

　　熊形肘頂，猴形戳睛。鷺形彈打，蛇形掌塌。

　　鷹形劈面，雞形採心。燕形扎肋，鵠形指臉。

　　練形無形，學其本能。練形露形，謂之畸形。

　　雙把駘形炮拳，單把猴形指拳。

　　單把雞形指拳，都是險手，切勿輕用。

　　連環馬是意拳的一個典型的手法。六力、八法它都包括了，我的學生中，有些人就認為連環馬是意拳的絕手，有的甚至說，學好連環馬，走遍天下都不怕。這種看法又失去了我的原意了。意拳的手法都是相對的，不是絕對的，任何一個手法，你把它用好了就有效，用不對就無效，連環馬的確是一個很厲害的手法。但它也是相對的，用好了，它厲害。用不好，也是沒用。不要把意拳的任何手法給絕對化了，意拳重力不重法，講法是為了講力，練法也是為了試力，這是與其它拳術的根本不同之點。學者切勿忽略。

8. 意拳的綜合試力

　　綜合試力，就是用八法模式拳、由模式拳所派生出來的手法、九個型別的拳法，以及十二種仿生拳試出六力，試力時，要代敵情觀念，以意為主，假想假借，不要把試力弄成其它拳術的套路蹓子那樣，那樣一來，在心理上就形不了條件反射了。試力的目的有兩個，一是把力試出來，二是透過天長的假想假借，在心理上形成條件反射。一句話，要做到意之所至，力即至之。下面是綜合試力的要領。

　　精發混元，假想假借。力雖有六，試法無窮。

運依八法，動循六力。非九非八，純度不佳。
運行動作，大不如小。小不如蠕，蠕動最恰。
力生於腳，淵源於腿。發於腰脊，形於手指。
意之所至，力亦至之。力不隨意，求於腰腿。
趾抓勁掤，胯開腰鬆。手落勁發，其力鏗鏘。
舊力未亡，新力已生。連綿不斷，力如抽絲。
六力流形，手法派生。體成一塊，法法皆靈。
六力流形，九型拳出。體成一塊，拳拳不空。
六力流形，十二形成。體成一塊，形形派生。
六力流形，拳已大成。體成一塊，搭手即贏。
學拳需理，莫被理拘。理法如橋，過河拆橋。

上面的要領我想解釋一點，很重要的，在意拳發力的動作，講究大動不如小動，小動不如蠕動（蠕動即是姑榮鼓蠕），鼓蠕的動作雖微不可見，卻是全身皆動，大成拳的要求就是要一鼓蠕，就能把力發出來。此種蠕動正是功夫到了，體成一塊的整勁之動。蠕，是一種爬行的軟體肉蟲，它的動很微小，但一動全身皆動，這是它特有的本能。我原意本是說，大動不如小動，小動不如蠕動，可能是由於不理解或理解的不深，有人卻把我的話說成大動不如小動，小動不如不動，請問，不動怎麼能打人呢？這也可能是因為不理解，也可能因為蠕動二字與不動的讀音易混吧。

9. 意拳拳譜後記

至此，意拳的基本內容可以說是講完了。但也可以說沒講完。這是因為什麼呢？戰國時代的哲學家莊子有這樣一句話，他說，物量無窮時無止。這句話的意思是只要時間不停止，任何可能的事物都會出現，只要隨著時間的向前推動，從意拳的現有的內容還可能推出很多的東西來，從這個意義

講，意拳到此還沒有完，最後，我想用兩句話結束這部拳譜。

見與師齊，減師半德。

見過於師，方堪傳授。

1959年　學於天津

意拳譜附條

1. 模式拳（模式歌要）

勁潛百體內，力奮形骸外。力奮生矛盾，無處不彈簧。
力發混元身，彌所既彌時。彌所藏驚炸，彌時不斷續。
多面出螺旋，蠕動本無形。身抱鈍三角，其力生於根。
渾噩機動力，逆體力輕盈。起落須合一，落步六面爭。
離心本團圖，陡頓離向分。機關消息靈，全憑後腳蹬。
六爭蘊彈力，短縮起落驚。急鏨混沌開，發力如泥拽。
滑車力長伸，直堅攻守能。一指撥千斤，剛捷不露形。
槓杆作用三，技擊其事旋。萬刀用於臂，槓橇能移山。
長伸不過尺，短縮不沾身。揚抗不過眉，抑捺不過臍。
四不巧訣要，可為試力模。其中微妙意，言語不可追。
活句莫參死，死句要活參。死拳要活用，活拳莫死用。

2. 模式拳的名稱

（1）混元爭力	（5）混沌驚開	（9）舉抗提旋
（2）多面螺旋	（6）滑車長伸	（10）沉托提縱
（3）渾噩逆體	（7）槓杆三用	（11）提按抗橫
（4）团圖離向	（8）起頓吞吐	（12）鑽提搜索

99

（13）分閉開合	（28）大氣呼應	（43）無形神似
（14）推抱互為	（29）伸縮抑揚	（44）有無統一
（15）摟劈鑽刺	（30）半讓半隨	（45）動靜互根
（16）滾錯雙疊	（31）隨讓常隨	（46）恢復平衡
（17）截讓截迎	（32）逆隨緊隨	（47）重心移一
（18）旋繞擰撐	（33）不動之動	（48）勾錯刀叉
（19）悠揚撐抱	（34）斜面三角	（49）剛柔相濟
（20）番揚裹擰	（35）面積虛實	（50）遠近長短
（21）酋放本同	（36）斜正互參	（51）縱橫高低
（22）蓄彈驚炸	（37）進退反側	（52）鑽裹踏打
（23）榔頭拷打	（38）單雙輕重	（53）死中反活
（24）擰捲隨漲	（39）形曲意直	（54）左右互換
（25）空氣游泳	（40）意動形奮	（55）抑揚頓挫
（26）控制平衡	（41）桎梏發力	（56）皮裡陽秋
（27）順力逆行	（42）神鬆意緊	

3. 模式拳說明

形體活力，應揚斯感。感物發力，莫不自然。
形不破體，體不破象。形體相宜，無法非適。
形體兩乖，其力必塞。體實形振，體虛形散。
感物發力，必始乎體。逆物擊放，莫先於形。
力無虛靶，虛中有實。靶無空的，實中有虛。
形行拙笨，力力相因。妙達此旨，始可言拳。

4. 模式拳訣要

（1）單雙輕重
起單落雙，起雙落單。單去雙至，雙去單至。
雙去單至，重量歸一。單去雙至，力均兩把。

(2)斜面三角

五弓提起，處處彈簧。身搶鈍角，圓背圓襠。
隨遇不倒，預應抵抗。斜身鑽坐，橫撐直取。

(3)榔頭拷打

酋不失節，單手鑽身。放不拔根，雙手縱力。
以地為身，以身為拳。力遞彼身，抽身處前。

(4)推抱互為

正抱斜推，雙去單至。斜抱正推，單去雙至。
沾身即推，抽身乃搶。抱不沾身，推不過尺。

(5)酋放本同

雙起而酋，雙落而放。起落是一，酋放本同。
手如立輪，逆曳彼身。酋奪其節，放拔其根。

站 椿 漫 談

王薌齋

1. 序 言

養生椿是內在鍛鍊的一種基本功夫，是一種健身之術。同時，因為它的姿勢動作和人身的生理組織相配合，一方面使高級中樞神經得到充分的休息與調整，一方面使機體得到適宜的鍛鍊，兼有防病和治病之效（這是經驗已經證實了的），因而也可說是一種醫療學術，又可說是藝術的「鍛鍊」。這本小冊，原為同學們人手一篇，領略較易，不同於問世之文，故不詳解。大家都知道口傳心授尚不能在很短時日領會到，因此，我決不敢認為這是完整無缺的。就算對的，也還須要逐漸改進。

我幼時多病，醫藥無效，於是棄讀投師，尋求健身之術。即長，外遊各地，訪名師益友，凡有關健身養心的學術和技藝，無不用心鑽研，採其精華，捨其糟粕，博採廣收，以期於「健身」一道有所成就。平生師友最多，皆各有所長，在教益和切磋琢磨中，經過數十年的研究體會，並結合內經素問篇的要意和拳學的基本功夫，參互為用，終於獲得健生術的梗概。因此術的姿勢，行走坐臥皆可用功，但以站椿為主，故名為養生椿（又稱為渾元椿）。

我年逾 70，身外無他物，僅對健身一道稍有心得，深願供獻給廣大人民，作為健身治病的一種方法。但我國健身之學，沒有系統的文字記載，除了片斷點滴地散見於古人遺著

外，僅憑口傳心授流傳下來，加之個人天性愚魯，學識淺薄，用文字來詳細而正確地說明健身樁的具體內容是不可能的。因此這段說明文字，不但失於簡單，有掛一漏萬之處，而且缺點錯誤也是不可避免的，深望國內同行多加指正，並盼同學們在學習中體會改進。

2.養生樁的來源和變遷

我國養生之術歷史悠久，但沒書籍稽考，也乏文字記載，偶獲片紙，也多殘缺不全。根據先輩傳述和多方的參考，個人認為，應是古代人類在大自然界裡同毒蛇猛獸競爭生存時，從鬥爭經驗中逐漸積累演變，經過多少千年多少萬人的研究探討得來的。

相傳 2000 餘年前，即有《內經》一書，為中醫寶庫，對防病治病之法，記載甚多。其中《素問》一篇，就是專講健身的。原文是：「提挈天地，把握陰陽，呼吸精氣，獨立守神，肌肉若一。」文雖簡單籠統，意義深厚，先哲把它列入《黃帝內經》，一方面視作防止疾病的健身術，另一方面，凡藥、石、刀、針不能奏效的多種疾病，就根據這種道理，使患者鍛鍊休養，作為體育醫療並和「靈樞」相互為佐。其主要內容是「養靜」，就是「獨立守神」。

東漢以前，很多文人武士都會靜養，行走坐臥皆可用功，成為一種普遍的健身術。後梁武帝時，達摩行教遊漢士（此時達摩年 67 歲，是天竺國王第三子番王之子）傳來洗髓易筋等法。唐代有臨濟、密宗兩派，相繼傳出插條、柔櫓三折、四肢功、八段錦、金鋼十二式、羅漢十八法——印度統名之柔櫓。後又有岔派，派別迭出，不可枚舉；居士尤多，標新立異，花樣繁多，方法極亂，異論雜出，遂使此術沒有發展，反而有分裂情況。早在 500 年前，已形成抱殘守缺。

宋代之後，多變為禪坐等法，也是門戶迭出，互有異同；而且坐法多不夠自然，也不夠具體，捨精華而取糟粕，不僅達摩師傳湮沒已盡，而我歷代先哲遺產也隨之俱廢。大好學術，無形銷毀，殊為可惜。

日本相近此術者不少，每在用功之前首先凝神站立以定神思，並得到各方面的提倡支持，也確有深造獨專精特的功夫，但也係支離破碎，只鱗片爪。

我生平對祖國遺產——健身術、拳學特別愛好（這和幼年多病是有關係的）。從青年時代略識健身門徑之後，就一方面求師訪友，認真學習，一方面博覽古書，細心體會；同時按照師友的指導和《內經・素問》篇所載的道理，朝夕不輟的學習，雖受個人智慧和其他條件的限制，存在著不少缺點，但 50 餘年的經驗證明，它不僅有健身防病之效，而且對很多醫藥無效的慢性病，確有不可想像的治療作用。

3. 養生樁的意義和作用

養生樁是一種學術，也是一種醫療體育運動。參加這種運動的人，不限年齡性別，不拘身體強弱，亦無任何侷限，有病者治病，無病者防病。運動時不盡在姿勢方面著想，也不在式之繁簡上注意，更不著意姿勢的前後次序，主要使大腦得到充分休息，使肢體得到適當鍛鍊，即靜中生動，動中求靜。

這種運動能調整神經系統的機能，促進血液循環，發揮體內燃燒，加強各種系統的新陳代謝，因而能調整、恢復和加強人體各個器官組織的機能，對保持健康、治療疾病，具有顯著的特效。50 年來從無一人出流弊，且百分之九十幾的人都有效果。這種運動能加強人體的吸收和排泄作用。古人云：「提煉精華，洗淨糟粕」，其意義就在於此。這是自力

更生的運動，就是說，它對於人身及其部分機體，具有生生不已的效能，譬如體弱的通過鍛鍊可使毛病消除，恢復健康。健康者更健康，且容易體會到無窮的理趣。這種運動和一般體育運動不同，它是把鍛鍊和休息統一起來的一種運動。是在鍛鍊中休息，又在休息中鍛鍊的運動方法。因此，它具有調整中樞神經和末梢神經的功能作用，從而使人體各部分在高級中樞神經支配下密切協作。

4. 養生椿應注意的問題

養生椿不僅是健身治病的運動，也是一種鍛鍊意志的功夫，所以學習養生椿的人必須注意這種鍛鍊。粗暴浮躁、氣憤、憂慮、悔懼、得失之念和僥倖思想等，都是缺乏意志和品質的表現，學者切要禁忌。凡是學養生椿治病的大多數是久病不癒，藥、石、刀、針不易奏效者，但須要氣不自餒，積極的鍛鍊，認真的治療，精神要煥發，蓄有彈力，時時作反覆鬥爭的準備，才能戰勝病魔，恢復健康。如果悲觀失望，生氣著急，毫不振作，一暴十寒，時作時輟，是不起作用的。醫生常說病人的心情要愉快。學習養生椿的人，首要心情愉快，虛心體會站椿的意義，耐心地、持久地鍛鍊，使精神煥發，久而久之，自可功到病除。

練養生椿必須心神安詳，摒除雜念，「神不外溢，力不出尖，意不露形，形不破體」。神態要輕鬆自如，蓄意要深憨雄渾，力量要穩準虛靈。「無動不機，無機不趣，虛靈守默，而應萬物」，雖是平易近人的道理，但初學不易理解，主要是以神意為主，不求枝節片爪形式問題。意在整體與內部，不要使局部破壞整體的統一，不要使外部動作影響內部失調，要渾身輕鬆自如，心曠神怡，好像沐浴在大自然之內似的。要做到這樣，在運動前就必須做到心安神定，摒除雜

念。

還要注意四容五要：四容是頭直、目正、神莊、聲靜；五要是恭、慎、意、切、和。對人對事都要恭敬謹慎，意思是周密切實，任何事不說硬話不作硬事。這是學者內心和外貌應具備的練功條件，從個人意念來說，應具善意，最好是以子女的行為，父母的心腸對人。在練功方面來說大都就是「只要神意足，不求形骸似」，這樣才是練功應有的要意。

養生樁是因病設式，因人而異的。病症不同，其有關的神經或肌肉系統自然就不相同。患者的生活條件習慣，性情以及其它各種特點，對於設式也有一定關係。必須根據這些不同的情況，考慮適當的姿勢和運動與休息時間的長短，以及身體負擔的輕重等。教者對此應充分了解情況，作適當的安排；學者應注意掌握，慎重鍛鍊，不可忽斷忽續，任意活動。只有這樣，才能收效快，並防止在鍛鍊中發生不正常的現象。

有的人，初學時多有懷疑幻想，或任意活動，或拘泥執著等現象，須細心體驗，待實驗充實之後才能解決。主要是：師古不泥古，謹守師法未易有得；不要浮聰明，不要笨用功；精神要愉快，肌肉常勞動，離開己身，無物可求，但執著己身，也是錯誤；力量在身外去求取，意念在無心中來操持。若本著以上所談，切實用功，細心體會，自不難得到萬變無窮、奇趣橫生之妙。

5.「獨立守神，肌肉若一」的鍛鍊

關於《內經・素問篇》的「提挈天地」、「把握陰陽」、「呼吸精氣」，大醫師們早已說過。我對於「獨立守神、肌肉若一」的鍛鍊稍加補充。

「獨立守神」在用功之前，思想先準備一下，應首先想

著游於物初靜會全機之意，視同植物外形不動，內裡卻有著根生發展順逆橫生的變化，萬不可走入招式斷續的方法，那就是破壞無餘了。局部運動縱然有益，長久也有害，是慢性的戕生運動。

鍛鍊時要永遠保持意力不斷的虛靈挺拔，輕鬆均整，以達到舒適得力為原則。

鍛鍊時，要凝神定意，默對長空，內要清虛空洞，外要中正圓合，同時要脫換一個心目喜歡的狀態，洗滌一切雜念，掃除一切情緣，寂靜調息，內外溫養，渾身毛孔放大，有如來回過堂風之感，使肌肉群不期然而然的成了一條空口袋掛在天空，上有繩吊繫，下有木支撐，有如躺在天空地闊的草地上，又像立在悠悠蕩蕩地水中，如此肌肉不鍛自鍊，神經不養自養，這是鍛鍊的基本意義。

怎樣才能凝神定義呢？要使意念如烘爐大冶，無物不在陶熔中，並盡量吸收一切雜念，來者熔之，不久雜念自可消除。倘若故意拒絕雜念，則一念未去，萬念齊來，精神分散意外馳，就不能做到意定神凝。

鍛鍊時，還要有這樣的意態，使肌肉和大氣相呼應，自然而然、自在的發揮整體和本能的作用，不可有絲毫的矯揉造作，一有矯揉造作和局部方法，就破壞了整體和本能的作用。所謂這種運動是一種人體本能學術，「一法不立，無法不備」的意義就在於此。

鍛鍊方法雖簡實難，初步鍛鍊是大動不如小動，小動不如不動，由不動才能體認到四肢百骸的一動而無不動之動，如此神經始易穩定，熱力才能保持，自然地增強新陳代謝，有了基礎，才能逐漸學動，才容易體會不動之動，動猶不動，一動一靜，互相為根之動。然後才能體會大氣的壓迫，鬆緊力的作用，也就不能控制一切平衡中的不平衡，以及動

蕩樞紐之動，不動而動，動而不動，同時起著剛柔虛實、鬆緊錯綜、表裡為用之動（至於假借一切之動，言之太繁，故不敘談）。全體就自然地發揮了上動下自隨，下動上自領，上下動中間攻，中間動上下合，內外相連，前後左右都相應之動。以上是試驗各種力的功能作用。蓋力由試而得知，由知而得其所以用。

　　鍛鍊是在無力中求有力，在微動中求速動的運動，一用力身心便緊，百骸失靈，並有注血阻塞之弊。這種力量是精神的，是意念的，有形就破體，無形能神聚。

　　先由不動中去體會，再由微動中去認識，欲動又欲止，欲止又欲動，有動中不得不止，止中不得不動之意，要注意從笨拙裡求靈巧，平常中求非常，抽象中求具體。

　　用功時，渾身大小關節都是形曲力直，神鬆意緊，肌肉含力，骨中藏棱，神猶霧豹，氣若騰蛟；而神意之放縱有如含風捲樹，拔地欲飛，其擰擺橫搖之力，有撞之不開、衝之不散、湛然寂然、居其所而穩如山岳之勢，外形笨拙，意力靈巧，大都平凡，反是非常；不由抽象中求根本，找不到具體，學理自通，自然明瞭。

　　肌肉若一是特別重要的一步功夫，這步功夫表面好像另是一種，其實和以上所述是密切聯繫的，沒有這步功夫作基礎，任何動作就沒有耐勞持久的能力，這雖是肌肉鍛鍊，但仍是以形為體，以意為用，因形取意，意注全身，以精神內斂為主。

　　這種運動，加強運動也是減低疲勞，減低疲勞正是加強運動，鍛鍊和休息是一件事。要調配適當，使患者在不覺中就增強了耐勞持久的能力，並盡量減免大腦和心臟的負擔，以達到舒適得力為止。

6. 調配方法

（1）肢體調配，不外高低、左右、單重、雙重；不論頭、手、身、肩、肘、足、膝、胯，各處都有單雙、鬆緊、虛實、輕重之別，凡體會得到的精微細小之處，也都如此，要使用骨骼支撐，或力量的彌合，肌肉的聯繫等法。

（2）內臟支配，是神經支配，意念領導，心理影響生理，生理作用心理，互根為用。

（3）時間調配，是以學者性情浮沉，體質強弱為基礎，總要不超過負擔能力，不使思想上產生煩悶或厭倦。

7. 養生站椿歌

養生椿，極容易，深追求，頭萬緒，用功時，莫著急，應選個適當場地，充足陽光，流通空氣，有水有樹更相宜。不論行走坐臥和站立，要內外放鬆，身軀挺拔，腰脊骨垂線成直，渾身大小關節，都含有似曲非直意。守空洞，保清虛，凝神也靜氣，臂半圓，腋半虛，體會無微不舒適。不思考，不費力，心臟無負擔，大腦得休息，想天空虛闊，洗滌情緣和塵俗萬慮。虛靈獨存，悠揚相依，綿綿如醉也如迷，笑臥如在水中宿，返嬰兒尋天籟，平凡無奇有天趣，師法當遵守，不可太拘泥，這裡邊包羅著無限深思和甜蜜。動轉頗似水中魚，自在自在真自在，先哲並無其它異。

再談試驗各種力，名稱用途各不一。有形如無形，有意和無意，整體、局部、自動、被動及蓄力；有定位，無定位，應用和練習；大都是骨藏棱、筋伸力，沉、托、分、閉、提、頓、吞、吐；筋絡鼓蕩彈簧似，毛似根根意如戟，一面要含蓄纏綿力旋繞；一面要斬鐵截金，冷決脆快，刀剪斧齊，曲折路線存鬆緊，面積中分虛實，有忽高而忽低，高

低隨時任轉移，精神猶怒虎，氣質若靈犀，身動似山飛，力漲如海溢，這種學術並不太稀奇，都是以形取意，抽象中求具體的切實。

8. 練習站樁的體會和常見的現象

隨著各人身體強弱和病情的不同，在練習過程中的體會感覺及表現亦各不同。一般的情況是：練習 10 日左右就能體會到站樁的好處，感到練功之後輕鬆愉快，而且這種感覺是隨著練功的進程逐日增長的。

有的練習幾天之後，就發生肌肉震顫、疼、酸、麻、脹等現象，多半是肌肉運動障礙、氣血欠通，或疲勞過度，或生理上有其他缺點所致，只要防止疲勞過度，注意舒適得力，力求放鬆，避免緊僵，漸漸地就會氣血暢通，肌肉靈活，使以上現象逐漸消除。至於不覺疲勞的有規律地顫動，是經絡和氣血閉塞已經消除的好現象，只要順其自然，不可故意地抑制，也不要有意識的擴大。另外還有流眼淚、打哈欠、飽嗝、虛恭、腹鳴、蟻走等現象，都是練功過程中的好現象，病癒之後，自可消失。

9. 站樁對各種疾病的治療

站樁能夠調節神經機能，調整呼吸，增強血液循環和新陳代謝，因而對神經系統、呼吸系統、循環系統、消化系統、肌肉系統等以及新陳代謝各個方面的病症，特別是急性轉為慢性的病症，都有良好的療效。

經過四五十年的經驗，其效果雖因人因病而異，有大小快慢之別，但除去隨學隨止之外，沒有療效是很少的，而且有很多人病癒之後繼續鍛鍊，大多收到轉弱為強，老當益壯之效。

談談試力和試聲

王薌齋

　　試力為習拳中最重要最困難的一部分工作。試力為得力之由，力由試而得知，更由知之而始能得其所以用。習時須身體均正，筋肉輕靈，骨骼毛髮都要支撐，逎放爭斂互為，動愈微而神愈全，慢優於快，緩勝於急，欲行而又止，欲止而又行，更有行乎不得不止，止乎不得不行之意。習時須體會空氣阻力之大小，我即用與阻力相等之力量與之應合，於是所用之力自然無過亦無不及。

　　初試以手行之，逐漸以全體行之，能逐漸認識此種力，操之有恆，自有不可思議之妙，而各項力量也不難入手而得。至於意不可斷，靈不可散，渾噩一致，動微處牽全身，上下左右前後不忘不失，非達到舒適得力奇趣橫生之境也，不足曰得拳之妙也。

　　所試各力，名稱甚繁，如蓄力、彈力、驚力、開合力、三角、螺旋等各種力量，亦自然由試力而得。表面觀之形似不動而三角，螺旋實自轉不定，錯綜不已。要知有形則力散，無形則神聚，非自身領略之後不能知也。螺旋力以余觀之，非由三角力不得產生也。而所有一切力是筋肉動蕩與精神假想相互而為，皆有密切連帶之關係，若分而言之則又成為片面也。至於用力之法，渾噩一貫之要，絕不在形式之好壞，尤不在姿勢之繁簡，要在神經支配之大義，即心意之領導，與全體內外之工作如何耳。

　　動作時不論單出雙回，齊出獨進，橫走豎撞，正斜互

爭，渾身之節點無處不有先後、輕重、鬆緊之別，並須形不外露，力不出尖，意無繼續。不論試力或實際發力，均須保持整體鬆和，發力含蓄，而聽力以待其觸。神宜內斂，骨節藏棱，毛髮筋肉伸縮撥轉，全身內外無處不有滾珠起棱之感，他如假借種種之力，言之大繁，姑不具論。

就全體而論，要發揮上動下自隨，下動上自領，上下動中間攻，中間動上下合，內外相進，前後左右都相應。

上述試驗各種力量得之後，始有學拳之可能，功力篤純，可逐漸不加思考，不期然而然，莫知至而至，得本能觸覺之活也。具體細微之點力，亦須切記無的放矢之動作，然又非到全體無的放矢不可，否則難得其妙。

試聲為補足試力之細微所不及，要聲力並發，與徒作喊意在威嚇者不同，而聞之者起猝然驚恐之感。試聲口內之聲不得外吐，乃運用聲由內轉功夫，初試求有聲，漸以有聲變無聲，蓋人之聲各異，而試聲之聲世人皆同，其聲如幽谷之聲，似先輩雲試聲如黃鍾大呂之本，非筆墨毫端可以形容。須使學者觀其神，度其理，聞其聲，揣其意，然後以試其聲之情態，方能有得。

站椿功要點

王薌齋　王玉芳

　　站椿功不需注意深呼吸，不意守丹田，不講大小周天循環，更不講陰陽八卦。由自然呼吸，全身放鬆，凝神定意，姿勢、動靜、虛實、鬆緊的調配，適當的意念活動，漸漸地達到呼吸的慢、長、細、勻，思想入靜，身體舒適輕靈，體內息息相生，在練功時間內精神無思無慮，不論站、行、坐、臥，均可鍛鍊，簡單易行。

　　練功時無論採取哪種姿勢都要全身放鬆，擺好姿勢保持不動，各大小關節似曲非直，經常注意全身放鬆，但要「鬆而不懈，緊而不僵」，也就是在放鬆的前提下，又要保持全身和諧完整一致。在拳技上稱為內三合，外三合；內三合是指心與意合，意與氣合，氣與力合。外三合指手與足合，肘與膝合，肩與胯合。體內空靈，外形中正圓合，以意為用，以形為體，以靜為合，形意一致，可以取意，意自形生，形隨意轉，內外合一，以上要領經過長期鍛鍊，才能領會其精神。

　　關於姿勢的調配，需根據個人情況而定。體質弱的可採用坐臥為主，站式為輔，體質較好的應採取站式為主，扶樹等輔助式相配合。

1. 一般病情不重，體質中等的人鍛鍊舉例

　　初練階段，以預備式和浮托式為主，適當配合輔助功，以鬆為主，適當注意鬆而不懈，緊而不僵，以放鬆意念活動

為主，適當體會水浴活動，每次可站 30 分鐘，勿疲勞。這一階段可能感到四肢酸痛，也可能舊傷（局部）似有復發的反應，要防止失去信心，一定要堅持下去，也有舒服的感覺，心身愉快，精神飽滿，食慾增加，體力增強，病情初見好轉，這一階段，大約需三個月左右。

第二階段，酸痛等不適感覺基本消除，即使有些反應也無關痛癢，感到舒適得力，通過相應的意念活動，消除雜念，體內微動，病情大有好轉，信心大大增強，精神面貌有了顯著的改變，這時可練推托式、分水式，學會掌握兩三種站式和兩三種輔助式功，可以加強練手，這段時間大約需半年以上。

第三階段，屬於強功不作詳述。

2.病症適應姿勢的舉例

神經衰弱：適應撐托及臥式
高血壓：適應撐托、扶樹、扶椅式
心臟病：適應靠樹、浮托式
肝臟病：適應揉腹、上渾圓式
肺　病：適應浮托、舉手式
腎臟病：適應揉腹、環托、分水式
腸胃病：適應扶椅、揉腹式
半身不遂：適應扶椅、浮托、撐托式
關節炎：適應浮托、分水式（加深）

以上是根據一般情況而言，無論什麼病初練時均需以浮托為主，再根據疾病、體質等具體情況調配不同姿勢加強配合，不可強調哪種姿勢。

3. 意念活動和入靜

「凝神定意」是練功的重要一條，它能使中樞神經得到充分的修正，調整生理機能，因初練時往往不易入靜，即透過意念活動來克制雜念借以達到入靜的目的。意念活動也叫幻視，即是設想某一種輕鬆愉快、風景幽美的境地使自己彷彿置身於此景中，以達到萬念歸一，心曠神怡，悠然自得的心情，免受七情（喜、怒、憂、思、悲、恐、驚）的侵襲，一般可用下列幾種：

(1) **放鬆活動**：由上而下的檢查自己是否全身放鬆了。

①面部應似笑非笑

②上下牙齒應微張

③鬆肩鬆肘

④繼而胸、背、腰、腹、腿、腳……的放鬆

(2) **水浴活動**：設想在一個舒適的溫泉大浴池裡，飄然自在，靜聽泉水的涓涓流動之聲。

(3) **搭扶活動**：設想雙手扶搭於漂浮在水中的氣球上，使全身始終處於輕鬆舒適狀態。

(4) **幻景活動**：設想自己站在廣闊的田野上，在欣賞人民公社的豐收景象或站在寂靜的山林裡的清流之旁、湖水之濱都可以。

以上僅舉幾個例子，還應根據自己所練姿勢、所處環境去結合意念。此外，意念活動還有兩點作用：一是練功時體內效感是輕靈、漂浮、內動，意念活動對這種效感起著極大的誘導和促進作用。二是人體有隨意肌和不隨意肌，由放鬆意識，暗示隨意肌肉的放鬆。

意拳論——樁功與四形

王薌齋

前　言

　　站樁是意拳之基本功。持樁之法有行、站、坐、臥之分，持樁之目的是為了培育內勁。內勁培育至何種程度始為有得，須有其檢驗依據。本文即擬將持樁之效果，以扼要論述，供同好參考。

　　內勁需能爆發為外力始能收到練拳之真實益處，善拳者力之奮也。四形為內勁爆發為外力之最適當的形式，故在論述持樁效果同時，文中亦將四形加以簡單說明。

　　意拳為一種特殊拳學。既謂之學，自應有其理論根據。關於力學理論根據，我曾在別處有所論述，此處茲不贅述，欲使學者明瞭意拳之學術淵源，對其哲理之依據似有加以論述之必要。

　　此文原係《意拳論》之一部分。當時欲試從我習拳諸生是否確有真實體識，故在出示《意拳論》時將這一部分抽出，非我自私，實不願嚼食混人也。知我者謂我心慮，不知我者謂我何求？

論樁功之境界

　　持樁需經歷三種境界，體認有得，才為功夫。所謂境

界，即持樁時所有之心理狀態與生理狀態也。蓋心理作用於生理，生理作用於心理交相輝映也。

清末學者王國維先生常謂：凡成事者皆須經歷三種境界，一曰：昨夜西風凋碧樹，獨上高樓望盡天涯路；二曰：衣帶漸寬終不悔，為伊消得人憔悴；三曰：眾裡尋她千百度，驀然回首，那人卻在燈火闌珊處。習拳亦應如此。

樁功之第一境界，從心理上講謂之「不悔」。學者需堅信不疑，有百牛挽之決心。從生理上講堅持百日即有感覺。堅持三、四年，即覺四肢膨脹，手足發熱，有灌鉛之感，四肢陰面有感覺較易且快，其陽面有感覺則較難且慢。四肢之陰陽面皆須有灌鉛膨脹之感，才為有得，臻此境界始可學功。

樁功之第二境界，從心理講謂之「望盡天涯路」，此際須信天下拳道之妙，唯我自爾獨尊，而他家所無也。從生理上講持樁至五、六年即覺兩耳膨脹，眉宇鼻梁覺如有物在內鼓動，頸項挺拔猶如頂上有六繩吊引，頭皮發漲，鬚髮飛漲，覺有大石壓頂之感。此即持樁時頭直頂豎之功也。同時上肢之感覺漸漸蔓延至臀部及小腹。至此四肢之感有日焉，臻此境界即覺天趣盎然矣。然所發之力還非源自腰脊而是梢節之機械之力也。

樁功之第三境界，從心理上講謂之「回首此明，本能活力如蛇」。抻莊意靜，彈指揮手無非天籟。回過頭來再看，十年來所操各法，皆如敝履展應棄之溝壑而不惜，初步所練即為正果。從生理上講堅持十年左右即覺腰脊有膨脹之感。此種感覺直達各穀道腺樞，卻覺體整如鑄，身如鉛灌，肌肉如一，行走步似趟泥，抬手鋒棱起，身動如挾浪，腰脊板似牛。臻此境界，動則自有奇趣橫生之感，所發之力始能均整。至此技擊之資備矣。

以上所談之年限，皆係我自身體識所得。在於學者或可略長，或可略短，均在於個人天賦與功力耳然。曹文正公曾謂：「成就事業天資僅作三分，而勤奮則占七分。」此非虛語也。學者勉之。

持樁雖日久但見效不著，須求之於己身不是姿勢不正確或即是心理起副作用於生理或即生理起作用於心理，總之，必有問題，當求證於高明，莫自以為是，切要！切要！

又持樁切忌死持一式，各式須交替輪流，每日如此，同時又須有站臥之分，站式與臥式尤須堅持。如是始有調配生理機能之作用。各式樁法雖皆可培內勁，但各式之效應不同（故以樁功治病，才因人設式），若死持一式，從技擊角度看則為偏傾，學者慎之，每日之中持樁時間以一小時至一個半小時為宜。每日持樁之時間應占練功總時間的三分之二，以三分之一做試力，就我之經驗而論，如此為宜。蓋樁功為意拳之基本功，故如此。

論 四 形

持樁而達於「體整如鑄」「身如鉛灌」「肌肉如一」「毛髮如戟」之境界始可言拳。拳者何？拳者力之奮也，非局部方法之謂。昔日我曾有一首題為《舞相》的詩：

　　身動揮浪舞，意力水面行。
　　游龍白鶴戲，迂迴似蛇驚。
　　肌肉含勁力，神存骨起棱。
　　風要吐華月，豪氣貫長虹。

詩中所說的「揮浪」「游龍」「白鶴」「驚蛇」皆拳式也。然此拳式的舞蹈，亦即所謂「健舞」或「武舞」。在隋唐時代健舞甚盛，為當時之養生術與技擊之法。不僅武夫操

之，即使文人學士亦多習之，後多失傳。近世拳學家黃慕樵先生本多年參拳之體會，並揣敦煌唐人壁畫之中人物與陶俑之舞姿始將健舞之幾個姿勢仿出。

北伐之際，我南遊至淮南，得遇黃慕樵先生，遂得其傳，乃約略得其健舞之真意，我不敢私其秘，曾再傳於從我習拳者，然其中能得健舞之妙者僅十餘人耳。

習健舞之先決條件則須達於四如境界，即能整體如鑄、身如灌鉛、肌肉如一、毛髮如戟，否則難出舞相，舞起來豈不是搖擺四肢而已。我過去嘗謂：勁營自體內，力奮形骸外。持樁而達於四如境界，則內勁具矣，然如何將此種內勁爆發出來而成外力，以收技擊之效應，四形則為最適當之形式也。

四形舞法乃係依「形曲力直」之法則，習時須永設一假想之敵，對之蓄勢搏鬥。手指腕擰，指彎爪攝，不論手起舞或單或雙，指端永遠指向對方口鼻，須用最大能力控制對方之中線，給敵造成威脅。控制對方中線亦即保持住己方之中線不受侵犯矣。不僅掌之食指、中指、無名指、小指皆指敵，既拇指亦須彎曲蓄勢與其它四指同指一方向，此種掌法與所謂內功拳如太極拳、外功拳如少林之掌法根本不相同，此即手指爪攝之意。

欲手指爪攝則腕不許上拱，不許下塌，不拱不塌，故運行時必將腕始能圓活制敵，且有鉤錯斂抗之妙。十指不許僵直，皆須曲蓄，指要分，掌要凹，如果運行時指端可有透電之感，此即指彎腕擰之妙也。兩臂運行時永不許失去裏捲撐抱之力，蚊蠅不落。雙足進退永不許失去刀叉分刺之能，寸步不讓。肩要撐、肘要橫、兩臂始有裏捲撐抱之力。襠要坐，膝要（橫）縱，坐襠縱膝始有力，方有刀叉分刺之能。

與對方交接我無執令彼亦無執，其訣竅要在肩胯之扭

錯。而肩胯之靈活扭錯又須以腰脊為動力，故習時腰脊須搖旋如軸，如是始能以無執而彼有執也。雙足運行覺如在泥雪中求動，兩足重量三七互換。腳無定位，身無定勢。或以後步作前步，或以前步作後步，前後交替，虛實互演以步法奇敵之位置。運行起來目隨意走，手底留痕覺全身如與物遇，三尖協調，四心相印。若快，快不許飄浮，若慢，慢不許呆（相）像。

力之爆發皆在一瞬間。此時如襲人，心毒為上策，力由意發之故也。手狠方克敵，或隨意從之故也。故習時每一動作皆需假借，無假借之動作身體力不篤。習時周身永不許失去體整如鑄、身如鉛灌、肌肉如一、毛髮如戟之感。所謂意不使斷、靈不使散、渾噩一致、不忘不失也。如是，舞起來有奇趣橫生之境界。生理作用於心理，此即健舞之養生意義也。由此看來，意拳之真功夫非自動中得來，須於不動中求之。故曰：「不動之動乃生生不已之動也。」

練習四形是對內勁的一種定向訓練，使之能隨時隨地爆發為外力以及技擊應付效用，故習時只求舒適與否，不求姿勢好壞美觀與否。

但姿勢確是形之代表，故需求姿勢正確，即不違反生物運動力學之規律也。若動則能循力學之規律且不失四如之境界，其大動正確小動亦正確，否則均不正確。

習時還須善於運用人體外力與內勁之間的對立統一規律。人體外力有四種：人體蠻力，即動位能向重力動能之轉化，此即所謂之「與地心爭力」；地面支撐與支撐反作用力，此我所說：「拔地欲飛」；空氣阻力，此我所謂之「與大氣呼應」；技擊時對方之作用力，此我所謂之「假借之力」。這些力我總名之曰：「宇宙爭力」。

人體內力即是處於四如狀態之整體肌肉拉力，此即我所

謂之「渾元爭力」。膈膜動力，此我所謂之「呼吸彈力」，亦為人體內勁之一種。欲收技擊之真實效用，須使渾元爭力與宇宙力須合拍，其作用之妙皆在於呼吸彈力也。故曰：「吐納靈源合宇宙」、「喊聲叱咤走風雲」。因此時只要橫膈膜一發緊即錯誤，故學者宜慎之。

現再將四形分項加以說明：

揮　浪

此式仍依「形曲力直」之法則，仍須不失四如之境界。其具體則為運用伸、縮、抑、揚、沉、托、提、縱之力。蓋人體站立時兩足不動，而軀體與兩臂同時作上下方向相反之波狀運動。即雙臂同時向上揚提而軀體卻往下沉坐，雙臂向下抑按而軀體卻向上伸長，亦即上下對拔拉長，此時人體重位能即轉化為重力動能，全身即有一種波浪力，謂之「重力波」。此種重力波正是技擊之所需也。同時上下對拔拉長蕩起縱波力，借雙臂左右圓撐之勢，使縱波之中夾帶橫波，如是始有揮浪之舞姿。

運行時，雙臂一前一後。若左手在前則出左足，若右手在前則出右足。雙臂與軀體配合，上下伸縮抑揚對拔拉長，雙手走一橢圓形軌道。左右進退互換無窮。此式之形象猶如龜之游出水面，欲浮而又沉，時沉時浮而挾浪揚波於水面，故此形又名神龜出水。

游　龍

此式仍須依「形曲力直」之法則，仍須不失四如之境界，然具體則係運用提、按、撫、橫、分、閉、開、合之

力。此式之運行，與揮浪同，仍需利用重力波以發提、按、撫、橫、分、閉、開、合之力。雙臂與軀體配合上下對拔拉長。所不同者在於雙臂在軀體之兩前側以提按開合之勢走橢圓形軌道。須以縱波出提按之力，以橫波出開合之勢。縱波高低進退互用。其形象若一龍游蒼海，龍即是浪，浪即是龍，龍行浪動，浪動龍行。

揮浪、游龍二式皆係利用重力波以收技擊之效應。故習時需掌握力波之鬆緊。鬆以蓄勁，緊以發力，鬆緊緊鬆無波無浪。波浪主要富有彈力，此種彈力遇物即須爆發為炸力，此即意拳之蓄彈驚炸也。

習揮浪、游龍二式，又須有仰之則彌高，俯之則彌深之身。對方高來我們高以行之，使有凌空失重，高不可攀之感。對方低來我們低以行之，使有如臨深淵搖搖欲墜愈陷愈深之感。此即高則揚其身，低則縮其身之法也。

白　鶴

此式仍依「形曲力直」之法則，仍須不失四如之境界，然具體則係運用摟、劈、鑽、刺、翻、揚、裹、擰之力。蓋我之整體任一曲蓄部位，當其作用於敵體之某一部位而受阻，或當敵體之某一部位作用於此處，即將發生變形時，我之此一曲蓄部位即產生一種阻力，阻止變形之彈性力，即爆發之為炸力。此種爆發之炸力正是技擊之所需，此即我所謂之「蓄彈驚炸」。

又須知在我曲蓄部位伸縮自如之限度內，彈性力與我曲蓄部位之伸展量（或回縮量）成正比。故練習此形時兩臂運動之幅度應大些，以增強爆發力之直射強度。

運行時兩臂交替自外向內畫弧。若高，指端不過頂；若

低，指端不過臍。設左臂先起則出左足，右臂先起則出右足。畫弧時，兩手臂須有摟、劈、鑽、刺、翻、揚、裹、擰之力，習時需根據不同之假想、假借，我手臂曲蓄部位所產生之彈性力，或翻揚，或裹擰，或摟劈，或拉鑽刺爆發為炸力。此式之妙還在於起腳制敵。若左臂先起的則左腳用勁橫起橫落。起須不高於自己實腳之膝，落進不超於敵胸，提膝、腳落勁發於手、力出應為一聲。

此種落腳之勢並非踢、蹬、踹、踩，實為頓也。只運用爆發力兩臂交替運用，雙足一齊互用，其形象頗似白鶴突圍拔地欲飛也。意拳之「三拳一腳」即從此式化出。

驚　蛇

此式仍依「形曲力直」之法則，仍須不失四如之境界，然具體則運用起、頓、吞、吐、撐、抱、悠、揚之力。此式之運行與白鶴同，仍需利用曲蓄部位所出之彈性力而發起、頓、吞、吐、撐、抱、悠、揚之力。運行時若出左足則起左臂，自內向外畫弧，同時右臂在左臂下自外向內畫弧。進右足，右臂向外畫弧，同時左臂在右臂下畫弧。運行時根據不同之假想、假借，我叫曲蓄之彈性力可以起、頓、吞、吐之形式爆發為炸力，亦為撐、抱、悠、揚之形式爆發為炸力。前後左右互換無窮，其形象宛似驚蛇乍走、左右迂迴刀光閃。所謂三拳（鑽、裹、踐）、三棍（肩頭棍、胸前棍、腦後棍）皆從此式中化出，厲害無比也。

白鶴、驚蛇二式皆係利用彈性以得技擊之效應。故習時需掌握回縮量與伸展量，回以蓄勁，伸以發力。將欲伸之，則必回之，將欲回之，則必伸之；回伸須致用遍體似彈簧。此種彈力遇物即須爆發為炸力。故白鶴、驚蛇二式亦係蓄彈

驚炸之運用也。

習白鶴驚蛇二式又須知白鶴能制橫，驚蛇可夾縱。對方齊出，我則裹其力，使之旋轉而拔根；對方獨進，我則放其勢，令彼力盡而前俯。此即橫則裹其力，縱則放其勢之法也。

論意拳之哲理根據

關於意拳之哲理根據，我不想多用筆墨，只以哲學命題之形式提出，彼此對照，自不難看出意拳之真正面貌也。

（一）莊子曰「物，物者非物」。意即使物質成為物質，並非物質。意拳主張一切力量都是精神之集合。亦可謂力者非力也。換言之，使力成為力者並非力，乃精神也、意念也。此即意拳所以名為意拳之實質所在。

（二）老子曰：「無為而無不為」。意拳則主張「有為之為出於無為」，「不動之動乃生不已之動」。所謂「無為」與「不動」，在意拳則為樁功。所謂「有為」與「動」，則為試力與發力。意拳重視樁功，故亦係「無為」之義。昔日有人贈意拳是「古道家之靜功」，此非貶詞也。

（三）老子曰：「反者道之動」。意拳則主張「力生有兩、兩則能一」，即作用力與反作用力之對立統一。所謂「矛盾錯綜須統一也」。

（四）佛門禪宗有云：「萬法皆空，即為實象」，又云：「不思善、不思惡，還我父母未生時之面目來。」父母未生時之面目即「空也、無也」。意拳則主張「各項力量都由渾元擴大空洞無我產生出來」。因此教人「虛無求切實，運用在虛空」。

（五）禪宗又云：「無法無執」。意拳則又主張「一法

不立，無執破執」。技擊時「我無執令對方亦無執」。不僅抗勁用力為有執，使用招術方法亦為有執。以無執破有執。破執而無執也。

（六）明代學者王守仁提出「致良知」之說，意拳則主張「發揮良能」之論，王守仁說：「實如水流濕，火就燥。」其勢然也。

由此看來，我關於《意拳論》中所說意拳試與老莊佛釋一切學理名稱謹似，實非欺世盜名之說也。在意拳論裡我所以用畫龍點睛之法道破意拳哲理，實欲告訴學者一個真理，習意拳而不接守其哲理，則無異抱石卵而盼司晨，終無所成。學者不可不明此理。

意拳斷手述要與意拳實用之方法

王薌齋

前　言

技擊之法，分門別派，要皆以拳套招術為本。而拳套招術俱是人之偽造，非發揮本能之學也。

意拳之斷手，拳套招術一概不用，是以各門各派之所長歸納為一，所謂「無長不匯集」、「集古大成」者是也。意拳之斷手首要勁力均整，再要三角預應，次要單重發力，更要無微不法，法在無念，最後要形力須歸一，神意不著象。故意拳之斷手與別門別派之技擊均不相同也。蓋因其所重者在發揮人之本能活力而不在局部方法故也。

意拳之斷手模式，並不是多，而是極少，只有數式而已，然皆形簡意繁，其應付範圍皆是多方面的。其所運用之力，為一種立體之力，非惟點、面、線之力，如別門別派者然，此種立體力，非是一種片面方法，而實為一種發力方法，如能掌握此種發力方法，則技擊之道思過半矣。此正是他人所無而我所獨有者也。

習學意拳不盡在年限之長短與功夫之淺深和體質之強弱，更不在方法之多寡，動作之快慢，要在於有無真實篤誠之力。如有此種篤誠之力，又能運用立體發力之方法，則於拳道就不難升堂入室，然於學者平日亦須用此種發力方法將本能活力加以訓練，否則亦不成功夫，此即「後天返先天」

之謂也。本文所欲闡述者，亦即如何訓練人之本能活力，以期達到「不期然而然」、「莫知至而至」之境界也。舉一反三，我希望學者不要囿於我所說者，要從我所說者之中推出我所未說者，如是才可貴也。

勁力均整

意拳斷手，最重勁力之均整及各項力之綜合運用。要做到無動不機。己身之動，無論微著，皆須是整體機械之動，一指之指動，百骸皆動。所發一指點微之力，亦是均整之力，周身之意皆到。力不論大小，動不論微著，皆不許破體發力。發力不破體，須使渾身無任何執著點。一有執著點，發力不破體，其力亦無由均整矣，且易為人所制。故發力無執則體不破，體不破則力必均整矣。若能均整無執不破體則對方挨著我之何處我便以何處擊之，此即「周身光芒不斷」之真義也。

是故，技擊斷手之際，不論主動之發力與被動之接發力，在我，則意無定向，無敵放矢，六面支撐圓活，突擊閃戰，何處觸敵，何處驚炸，既圓活又直射。神意形力似黏糕之妙，即在於此。如果力有執破體不均整，則不能臻此意境也。

然須知力生有兩，兩則能一，蓋反者力之用也，欲吐必吞，無吞則吐無以生；吞而不吐則吞無以成。同理，欲上兜必下坐，欲左之必右向；前去至中必有後撐。此即神圓意方；形曲意直也。

禽獸各有其特殊之本能活力，然其活力乃第一次自然力，即先天即有者，非後天自覺培養而出者也。人之本能活力，雖亦先天具有，但由於種種社會應力而減弱，甚至湮而

不彰，然藉後天之鍛鍊，使其恢復且增強，此乃人之第二次自然力也，人之此種自然力，即技擊斷手之資本。此種自然力須加以訓練，使之成為人所持有的欲之即出而又出之有方的一種均整之力。因藉以訓練此種活力之形式可不同，斷手時此種活力之表現形式亦會因人而異，形式雖不一，但勁力必須均整不破體，力則無二也。

意拳所運用之力，如炸力、旋力、慣力、槓杆力、離心力、彈簧力等，不能單獨使用。若單獨使用（實際上不可能單獨使用），亦達不到均整，且成為局部片面之方法矣。各項力須綜合運用，尤須借對方之力以成我之力。須知各項力都是筋肉，遒放與精神假想之統一，二者缺一則力不成力矣。此種均整之力，須由樁法育之，由試力體認而得之，再由斷手訓練而專一之。均整之力是技擊之資本，斷手乃其具體之運用。力之發，非點、面、線之力，乃立體之力也，即立勁、橫勁、豎勁三者統一成體者也。故平日操練，不可偏專其一。蓋立勁後必以橫豎二勁為支撐，則橫勁始能定向。

同樣，豎勁發也必以立橫二勁為支撐，則豎勁始能定向。故平日必能練習三勁成體，六力錯綜，我身何處觸敵，何處即為向敵突出之鋒面。三勁成體，六力錯綜，鋒面突出，皆是精神之集合。故斷手之操練，須以意求法，而法又須存於無念，出於無意，如果才是可貴也。

三角預應

意拳之技擊，非進攻性之拳術，乃自衛之術也，因此意拳之技擊專講斷手，意即斷敵所來之手，善守即善攻也。為此，技擊時周身關節與具體面積之褶疊處，皆亦成鈍三角形。蓋三角形能產生預應力故也。對方不論拳打腳踢，我出

手斷其來勁，周身三角所產生之預應力，能分解彼之集中應力也。況我出手即具均整之力，彼必不敵。三角不僅具有預應力，且我所發之各項力，皆是三角遒放與精神假想之分工合作。故三角力實意拳之重要法則也。渾身上下所形成之任一三角，都是一項分力點，發力和接發力實際即是處處求得合力點。一旦求得合力，就可以代替無數分力。故須切記不使各關節拉力所產生之三角分力破壞整體之平衡，即均整之力，而須在各關節拉力之貫串中求得每一動作的合力點，即力之均整。此即形曲意直之義也。

故平日操練時，全身關節須無微不含曲勢，同時亦無關節不含遒放與開展，遒放互為者是也。因無關節不成鈍三角形，且無平面積，而是斜面迎擊；尤無固定三角形，而是曲中直射，故我手臂與對方手臂一接觸，三角之螺旋力即輪旋不已，順力而逆行，守中寓攻。且我周身皆為活三角，猶如一大彈簧，波動不已，撑前而驚彈，起落如水之翻浪也。三角螺旋力與三角彈簧力實自活三角出耳，故接發力時動必活三角，否則即為硬抗，硬抗必執著與，如是操練，久之則自能有衝之不散，捶之不開之妙。

單重發力

任何一門拳術步法實為關鍵，而步法之妙，在於形體重之調配也。據我數十年來練功與實搏之經驗而論，三七步單重發力實技擊勝人訣竅也。此種發力形勢，須沾其身始縱力，抽我身勁即發，否則難得其妙。須用意支配我身全體之筋肉鬆和空靈，剎那間一緊，而力已逆至彼身矣。如此始能鬆緊不滯，力斷意不斷，意斷神猶連，樞紐穩固。此種發力方法，別門拳術得之者蓋寡也，實為古代拳術之精華。我之

所謂「欲復古，元始」者即此類也。

非單重發力，均整之力無法囫圇逆至彼身必也。所謂緊，即爭也；所謂鬆，即斂也。爭斂致用，鬆緊互為。爭斂鬆緊之關鍵，在於虛實相互為用。前進發力，兩足重量前三後七，前虛後實，後退發力，則前七後三，前實後虛。實非全然占煞，實中有虛，虛非全然無力，虛中有實。兩足非「丁」非「八」，其支撐範圍一尺七八，大則滯，小則虛，以能輕鬆開跨為度。前足大趾吃力，後足小趾吃力，要有植地生根之感。

發力時，要利用呼吸之彈力，小腹充實，臀部力穩，坐襠提旋，穩定重心，增強兩足力量，與地心爭力，利用地心之反作用力，以加大力之爆炸。須記坐襠時要收斂臀部，使之成為上體的支座，穩定重心，以增加力之直射速度。如是所發之力才能實而透，切記兩足不能站在一條直線上，前足不許直線弓出，後足不許直線後坐，須以三角螺旋形迂迴進退，擰擺橫搖，若鯨之游旋，如浪之起伏。進則能占勢，退則能避鋒。此即擦拉步之妙也。

發力之際，腰與襠是調節勁度、重心和增強力之均整的關鍵。我力亦至彼身，對方因受力而產生一種反作用力，為克服此種反作用力，以控制己身之平衡，故我須使重心下降，始終保持下體穩固，上體虛靈。

不倒翁之所以不倒，因其重心在其形體之下部故也。即使我發高拳擊對方之頭部，發力時亦須重心下降。斷手多用退步打法，敵方出手發招，亦多用踏重穿當襠之術，如敵已向我發起踏重穿襠之勢，此際我須退步斷其手，發力始能通當，故退步打法較之進步打法更為重要。

技擊斷手之目的，實際即以暴力迫使敵方喪失重心，以保持我之重心。我之重心始終放在一條載七之實足上，以載

三之虛足護衛之。其勢如不倒翁也。不倒翁之所以不倒，一則因其重心下降，二則因其重心始終在一個點上，其重心點外之面積，當其受到外力作用而改變其位置時，隨時可改變為其臨時的重心點，故重心點外之面積上的任何一個點都能起護衛其實際重心之作用。單重發力之奧妙，此其一也。再則彈簧力在身抱三角之情況下，非單重不能出之，只有單重發力，才能做到遍體彈簧似，使全體成為一大彈簧。此其二也。另外，在我無執而使彼亦無執時，所生之來回勁，非單重不能出也。此其三也。只有在單重發力之情況下，才能以同一發力動作發出二次打擊，此其四也。

但須切記，隨時調整兩足虛實之比例，以控制平衡，保證力之均整。尤須切記，發力時兩肩不許貫勁，始能源動腰脊，勁貫四肢，力隨足出，三角蓄勁，直線發力。如虛實不清，則犯雙重之病。雙重之病技擊大忌。學者不可不察。

無法即法　　法在無念

實搏不許用法，局部方法乃束縛神意之桎梏，故用法是取敗挨打之道。意拳之斷手，不用局部方法，不蠻用拙力。用法則無異做繭自縛，將本能活力納入框框之中，而無由發揮，用力則己身必有執著點，犯形破體而為人所制。故斷手亦是一法不立而發揮本能之學也。然後可謂無微不法，因動靜皆依一定原理法則，而此種原理法則又非局部片面之方法，如別門別派之拳術者然。各項原理法則極其高明深刻，而體現此種原理法則之形式又是極平庸，形簡意繁。所以意拳之學實為極高平而蹈平庸之學問也。

關於意拳之原理法則，昔日我曾於其它文字中有所論述，此處不再重複。然有一點須再扼要重述者，即無法即是

法之義，亦即道家「無為無不為」，佛家「萬法皆空，即為實象」之義。蓋技擊不用法，不用法本身亦是法。不用法之法，實質上不同於渾擊蠻打。

因意拳技擊唯恃本能活力之自然反應，而此種活力之反應是經過各種原理法則嚴格訓練之觸覺良能，微動亦循法。此種循法而動之本能活力實亦成為人之條件反射，生理功能矣。其動必循法，實出於無意識。實如赤子之哺乳，天趣盎然，非有意造作之行也。同一姿勢，有意為之局部方法也；操之無念，觸覺良能也。

各派技擊，不管其自覺或不自覺，都要遵循一項原則，即降低勁力消耗與提高技擊效率。欲降低勁力消耗與提高技擊效率，平日訓練本能活力之方法就愈少愈好，少而精，少而全面，形簡意賅，待將此種活力訓練至一定火候時，須將自己之精力，專注於一兩項打法，操之熟練，宛如赤子之哺乳，春蠶之吐絲，「尋天籟」者是也，如能達此境界，遇敵時自然不煩擬儀，不加思索，不期然而然，莫知至而至，率然成章也。

提頓吞吐　沉托分閉

斷手，從形跡上來講，是截擊對方所來之手，若從勁力來講，是斷對方所發之力。依據運動生物力學，斷手所運用之力與物體運動時所產生之機械力相同，亦有三個特性，即重量、方向、打擊點（即作用點）。斷手之目的，即斷對方所來之力，實即打亂力之此種特性也。

上兜下坐，與地心爭力，利用地面之反作用力，有拔地欲飛之勢，旨截擊敵力在以改變其方向，此法謂之提、蓄、彈、驚、炸，欲止先行，行而突然中止，正中寓斜，斜中寓

正，斜正互爭，勁由脊發，力從足出，旨在抵消敵力之重量，或震撼敵力之源，即敵之形體，此法謂之頓。提頓為一來回勁，提為頓之來，頓為提之回也。

敵我交接，我無執著，令敵亦無執著，引進敵力使之落空，旨在使敵喪失作用點（即打擊點），此法謂之吞，吞之同時，順敵力而逆行之，敵力已喪失其作用點，而我力已至其作用點，此法謂之吐。吞吐亦為一來回勁，吞吐無間行者是也。

驚彈如拋揚，支點似滾絲，螺旋力纏捲，堅漲於無形，旨在借斷肢以震撼敵力之源，即其形體，此法謂之托。

驚彈似粉磚，滾錯疊墜，螺旋力裹撐橫搖於無形，旨在令敵力改變方向喪失作用點，此法謂之沉。

敵力來勢迅猛，我則不躲不閃，不丟不抗，順其力以解其力之重量，引其力以奪其力之作用點，進步占勢，退步避鋒，借急促之動作來牽動對方之重心，使敵拔根提氣，這是突然的一蓄遒，此法謂之閉。

接著乘對方重心不穩，而突然發力，全身炸力直射，隨高打高，乘低打低，手無空型，意無定向，囫圇逆體，力如炸藥，觸點如彈，這是突然的一發一放，此法謂之分，分閉之法須借呼吸之彈力，始能發力透達也。

八法乃斷手時用力之原理法則，非局部片面之方法。故此法運用之適當，須借對方之力，敵我兩方缺一不可。交接之時，切審敵意，則十分必要也。

八法之運用，非心領神悟實未易有得。然於身外求之，庶乎可矣。故在己身之外去求取體認八法之妙，實為切要，見性明理後，反向身外求也。八法之妙在於操之無念。無念即本能，有念即是法，是法則精神即被束縛矣。故習學意拳欲臻化境，實非唾手可得也。

形力須歸一　神意不著象

昔日我師郭雲深先生一世之中曾以鑽、裹、踐三拳立於不敗之地。暮年他曾總結出一條經驗，說道：「力不歸一，形無所居，意無所居，意無所趨，神不瀟逸。故此任你千招萬術，我有一定之規。」此真千古絕唱也。鑽、裹、踐三拳，作成一個動作，即三種力之歸一也。

我青年時曾隨郭雲深先生習學形意拳，每日晨郭先生只站混元樁，將鑽、裹、踐三拳操練數十下，下下如氣綖，觀之大有震地欲鳴之感，功力實臻於化境也。有見於此，故意拳所運用力雖多，接發力之法雖不一，但最後必須綜合而歸於一，定於一，純於一，精於一，人之本能活力方能召之即來，來之能應，應則必驗。平日操之純一，遇敵時則能得心應手，手到人翻矣。

鑒定一門拳術是否高明，要在於養生效果與技擊效率而已，從技擊角度看，拳術之高明在於精簡。查中國古代之拳術，皆是形簡而意繁，當初形意拳只有鑽、裹、踐三拳，八卦掌也只有單雙換掌。故習學任何一門拳術，意拳也不例外，學者本人須根據個人情況對所學之拳術進行一番篩選工作，對每一個動作，每一個姿勢，每一個方法都要用「奧砍剃刀」削減一番，以求歸一。姿勢確為神意之代表，本能活力之所循，然姿勢若繁多，則神意不易統一，活力不易果速，故對於姿勢應提出下列質疑：

一、能不能將這一姿勢取消？二、能不能將這一姿勢與別的姿勢合併？三、能不能用更簡單更合理之姿勢取代這一姿勢？昔日我曾用此法對中國古代拳術進行過篩選，結果倡出意拳。習學意拳者，同樣也可用此法對意拳進行篩選工

作，以求得形力歸一也。

形力能歸一，又須求神意不著象，要使歸一之法，出之無念，成為惰性本能之反應，身動起象外，法在無念中。其機其秘全在於有意無意之間耳。有意為之即是法，即是局部；無意為之而為，即是本能，即是混噩。有形在意都是假，技到無心始見真。無固定之局部打法，卻有惰性之本能反應，此意拳斷手之化境也。

身動起象外　法在無念中

數十年間隨我學習意拳者甚眾，其中亦有佼佼者，然亦有挨打者。此何故耶？凡取敗挨打者，皆因其背離我平日歸一之教誨焉，由此我怵然有感，我縱觀中國之拳學史，發現一條規律，即任何一門拳術皆經由鐵老虎演變為紙老虎之過程。如形意拳當初只有鑽、裹、踐三拳，後人不解其妙，遂造出五行拳、十二形拳、雜式捶等拳套，又如八卦掌當初只有單雙換掌而已，其後人亦不能解其妙，遂造作六十四掌之拳套。再如太極拳，當初只有單雙纏打與擊地、披身二捶而已。其後人更不能深知其妙，遂演出百八十式，更有南北之分，楊、吳、陳、武之派。習拳者被光怪陸離之畸形拳套緊緊束縛住，其本能活力窒息得奄奄一息。

形意、八卦、太極當其初創之時亦是虎虎有生氣，然何故愈演愈無生氣？何故習其拳者臨戰卻用不上拳套招數？更有甚者，何故習拳者反被不習拳之外行以渾擊蠻打所擊敗？蓋此輩習拳者皆離精華而守糟粕，不識真老虎而只識假老虎也。一代傳一代，真者日湮，而偽者日興，鐵老虎遂變為紙老虎矣。我倡意拳，目的之一即是復古元始。

隨我習拳者亦有不解我之苦心者，遂走上取敗挨打之

道。非我之罪也。我恐意拳亦遭形意、八卦、太極之災，遂不得已寫此文字以警後生焉。

此處所欲敘述者，即訓練本能之方法，亦即打法，意拳之術語謂之斷手。斷手又名接發力，即斷對方來手之同時發力進擊之謂也。接發力之訓練是意拳中最實用之一部分工作。此部分工作可兩人實作，亦可單人試作，本文將神、形、意、力四者扼要述之，供學者練習參考。

學拳貴明理，參理須用邏輯思維，練拳力感實，試做須用形象思維，以形取意，以意賦形，由形揣其意，因意度其形，非運用形象思維難得拳之妙也。故平日練習時，須富於想像，仿生擬物，想像萬千，無窮假借無窮像，似有如無，如無似有，設身處境應鑽入所想像之形象中去，以體現其神、形、意、力，大有「吾不知蝴蝶之夢周耶？抑或周之夢蝶耶？」之慨。果能如是，發力始能靈活透達也。

自倡意拳以來，我曾根據運動生物力學之法則與人體生理構造之特點，想像出若干打法。我本人和與我從學意拳諸同好在實踐中曾將其中某些打法應用於實搏，有些奏效甚著，有些則奏效較微。奏效甚著者存之，奏效較微與未曾實踐者，此處皆棄而不述。所述者皆實踐服膺之拳術也。

意拳發力制敵，手起之前不知如何起，既落之後不知如何落，莫知至而至，乃本能之反射也。故每次實搏之後，本人實難總結，然旁觀者清，我此處所述各項打法，皆係實搏觀摩之記錄也。

斷手之基本模式只有五式而已。由五式可以派生出若干具體打法。茲分別敘述如次：

1.靈蛇驚變

此式即技擊樁法也。

先談技擊樁之站式，亦即斷手時之潛在預備式。內清虛而外中正，三角預應，身斜勢低，重心下降，臀部力穩，兩足重量前三後七，腳站六面勁，形隨曲蓄，意在直射，身微搖，慣性如如也。冷眼觀之，頗似西洋拳之架式，又似形意拳之虎抱頭。俱非也，此式實如兒童之玩具不倒翁也。此僅就其形力而言。再言其神意。筋肉空靈均整，神遊無何有之鄉，既有吳漢殺妻之意，又有荊軻借頭之心，然滿面春風，敵縱有惡言詬罵，我亦笑容可掬也。拳出即是禍，不畏禍，縮手即是福，不求福。既欲動手，禍福置之度外矣。

意拳有兩個原則，第一不動手，第二動則不休，不將對方置於死地不罷休。故在平日練習時，不許任意活動，一舉手，一投足，皆須具技擊應付之能事。技擊之際，既須形不倒，更須意不倒焉。外形笨拙手藏奸，心蓄殺機亦開顏，隨遇不倒意靈巧，後其所發意搶先。宇宙間靜者恆靜，動者恆動，惰性也。

我身由靜而動，須克服自身之恆靜惰性，而使我身產生恆動之惰性，故欲動手，須先使自身進入恆動之惰性境界。處於此種境界，技擊時始能得力也。察電動之機輪，其起動所耗之電流高於其正常運轉之電流，其理自明矣，故惰性如此，實即降低勁力之消耗而蓄力待發，此為技擊之重要法則，亦即動猶不動之妙也。

再談技擊樁之展開式，即左右互換也，此為意拳之基本斷手模式。意力閃閃捲枯葉，驚嚇天涯鳥飛絕，裹纏橫繞雲龍蟠，光芒無限力如鐵。運行當中要筋絡鼓蕩，假想全身猶如大氣球，身體有如懸空，唯風力是應，全身像有無數繩索牽撐，左蕩則右掣，前趨則後拉，上伏則下墜，縱橫皆浪力，起伏帶鋒棱，身動似螺旋，處處皆似滾珠機輪，對方換我何處，何處即逆體驚炸。

兩手運行，無論高低曲伸抱撐，一前一後，一左一右，永須慣性如如，炸力不斷，彌所彌時處緊跟對方動作合拍，既不丟，又不抗，相機發力，於錯綜矛盾中求統一也。

雙足運行無論進退刀叉分刺，一虛一實，實足不許全然煞死，虛足不許全然飄浮，進退皆走三角螺旋形，擦地拉腿而滑行，足隨手運，手進三分足進七，雙足之虛實比例始終應配合適當，充分利用地面之反作用力，以加強炸力之直射速度之強度。運行當中須假想假借，體認尋求。有象中求無形，虛無中求有處（「處」字讀如「設身處境」之「處」），局部中求渾噩，蠕動中求迅速，柔靜中求驚炸，拙笨中求靈巧，矛盾中求統一，三角中求直線，求而有得，則可進而探討整個技擊之學也。

技擊樁之法則，並非局部方法，然卻可從其中演繹出局部打法，即斷手也。於此即敘述幾項從技擊樁法派生出之打法。

(1)拂鐘無聲

此即劈拳也，此法可作為進擊發力，亦可作為接發力。此法係利用分布力也。

設對方單手起，當其已發未至之際，我起左手，橫截其中節部位，內藏裹攬吞墜之力，出左足，同時我右手自我左手臂之上出擊，奔對方之面部往下攬劈。手足要同起同落作成一個動作，在此動作中，腰脊至關重要，起左手出左足之時，全身由左向右借腰脊擰擺橫搖之勢發出旋力，貫於我之左手臂，至彼周身，迫對方拔根提氣，同時我之右手臂與我之左手臂相交，往往彼之右手臂，我用炸力往下攬劈敵必翻出。此項打法為進步接發力，如對方出右手時向我發起穿襠踏重之勢，我則退左步，其它動作與上法同，此為退步接發力。

此項打法與形意拳之劈拳毫不相同，也於現實生活中我曾觀潑婦打架常抓臉撓胸，操之如本能然，頗引我之興趣。世人常謂「打人不打臉，罵人不揭短」。而潑婦皆逆世道而行之，打人偏打臉，此其過人之處也。由此我遂悟出劈打之法，聽我言自會有人譏笑意拳，彼或謂連潑婦打架之術亦納入意拳，實荒誕之至也。但我認為鑒定拳學高明與否之標準是實踐。不論我所操之物是茶壺，抑或是夜壺，只要打上你，就是寶貝壺也。意拳之打法，多屬此類。凡世人所謂不地道者，意拳卻採用之，此即意拳手奸之處也。

平日操練此法時，要左右前後互換，進退皆能發力均整適當，要由開展逐步練到緊小脫化，有象而無形，無形而神似，兩手之鋒刃有如寶刀利劍之拂鐘無聲，斷金如泥也。練習時還要體認力之運用，我之斷敵來手之手須含蓄吞吐之意，引進彼力使之落空，喪其作用點，我之進擊之手既要有的放矢，又要莫知至而至，遇高則高處即為作用點，逢低處則低處即為作用點，總之觸實即發力，纏綿不斷續，敵身離我手，收勢勁又蓄。此分布力之妙也。

(2) 蟄龍探首

此項打法，可作直拳，亦可作指拳，可用以發力，亦可用以接發力。為意拳之纏打法也。

設對方出右手擊我頭部，我左右手同去，同時出右足。我之左手以撐纏之旋力自其右臂內側直擊對方面部，或拳或指，與此同時，我之右手以掌型砸其右腕，並以我之左肩為墊。手足同去同至，一個動作。此項打法為進步接發力，如對方向我發出穿襠之勢，我即退步接發力。

設對方仍以右手擊我頭部，我出左足，同時我之雙手同去，我之左掌以橫截沉砸之力擊其右小臂，並以我右肩為墊，我之右手沿對方手臂之內側直擊其頭部，或拳或指，手

足同去同至，一個動作。此法可用於進步打，亦可用於退步打。退步打，須利用地面之反作用力。

以上打法之特點是將對方所來之手臂給纏抱住，纏抱之同時即發力進擊，或以拳擊其面，或以指戳其睛。此法甚凶，對方必負傷，不可輕用。但用則心黑手狠，務使對方終生留念。

平日練習此法時，要雙手左右互換，兩足進退皆可發力，兩手足須交替互演。此項打法之關鍵，在於所進之虛足和所退之虛足。虛足一著地，借助於地面所生之反作用力即刻發力進擊，力必均整適當。否則，難得其妙，練習時須體認力之運用，運行時我之兩手臂含蓄沉托捉頜之意，有纏抱橫截豎擊之力，內藏肩打之法，意力伸長，似覺地球有助我之勢，因之假想我真如蟄龍之振電直飛也。切記此法最忌雙重不化之病。行形拙笨無呆像，意力靈巧有鋒棱，橫撐豎漲曲中直，兩足虛實認端詳。

習時，須操練拳掌，以增強其耐力，以此式之發力方法，用左拳擊右掌心，用右拳擊左掌心，兩手交替互演，雙足進退互換，於三角曲蓄之中求取直射發力之速度與強度。須記進擊之拳，腕部不許外凸，不許內凹，小臂須垂直於拳之鋒面，如之，力至敵身始能隔皮透骨。

習時還須操練整體肌肉之耐力，力求逐步達到緊小脫化，肌肉如一之境界，動作愈習愈微，而神意卻愈習愈足。我意愈向何處則眼神即到何處。力之作用點亦直射到何處，既注意打擊之要點，又無所為而為之，久之，本能反射自然敏感矣。

(3) 座地起火

此示即鑽拳也，然與形意拳鑽拳根本不同，蓋二者力之作用點不同，形意拳之鑽拳，其力作用於對方心窩之下頜軟

點;意拳之鑽拳其力作用於對方心窩之軟點且所發之拳之雞心指拳,並帶旋力,故較形意拳為厲害。實與西洋拳之悶捶頗相近似也。此種打法,輕則能使對方休克,重則能使對方致命。學者宜慎用之。

　　設對方起右手欲擊我之胸腹部,當其手已來未至之際,我出左足,同時我雙手併去,我之右手橫截裹墜其右手臂,引進敵身至我身前,迫使對方失重前俯,我之右手成雞心指拳自我之左手臂之上,以旋力挺進擊對方之心窩,上體上兜,下體下坐,上下對拉拔長,周身均整之力貫於四稍,敵必被擰出。此項打法之關鍵在於進擊右手之旋力與腰脊擰擺之旋力,借助於上兜下坐之拉力,而炊發為炸力。炸力點雖為對方之心窩,而力之延伸方向卻是直指天空,意在上鑽。故此項打法,實即利用「力生有兩,兩則能一」之法則,借上兜下坐之對拉拔長,而求力之均整也。

　　習時,兩手足須前後左右靈活互換。腰脊須有擰擺橫搖之力,而上體與下肢又有對拉拔長之勢,上兜寓於下坐,整體覺如大螺旋,旋擰不已,假想己身實有鑽天欲飛之勢,起火不點不燃,我之鑽拳不借力不發,蓋因其射程短故也。上兜下坐意沖天,引到身旁發鑽拳,由己則滯從人活,心狠手黑打法奸。

　　查閱國內外之諜報工作者與反諜報工作者,皆精於此項打法,於此亦可見此項打法之實用價值。故習時,與其說培蓄均整之力,勿寧說訓練心狠手黑之心理也。學者不可不明。

(4)伴窗觀橫雨

　　此項打法即形意之裏拳也。

　　設對方起右手,不論其意欲擊我何處,當其已起未落之際,我即以左手橫截抱攬其所來之手臂,彼若抗勁有執,我

之左手臂即以吞吐之力裏撢對方之右前胸，我無執令彼亦無執。引進其力使之落空，與我左手去之同時，我之左足出，與我裏撢彼之右前胸之同時，我之左足利用地面反作用之彈力，俯而抽身收勢，而力已遞至彼身矣，此即裏撢之法也，此法能使對方失重倒地而無傷，此為技擊手善之法。若欲加強力之直射強度，於左手裏撢之際可以右手加於我左手臂以助力，如是則對方即有傷內咯血之危矣。

習時，兩手須左右互換，兩足須進退互演。此法之關鍵在沾身縱力，抽身勁發，不論進退，虛足一點地，借助地面反作用之彈力而發力，此法乃是利用蓄發互相為根之來回勁。我出左手，以橫截抱攬之力斷其所來之手。進其力使之喪失作用點。此即是吞，即是來勁也，待對方有執抗勁，我隨勢以左手臂之前鋒，用均整之力撞對方之右前胸，撞中帶裏裏中帶撢，此即是吐，即回勁也。此法即是豎撞之法，然卻是橫中寓豎，由發而蓄，因蓄而發，蓄發如海水之翻浪。己身不具備波浪彈力，則難得此法之妙用。

故習時炸力通過腰軸撢擺橫搖所生之離心力而推動整體，貫注於四肢，兩手左右互換，抱中有撢，撢中有抱，於撢抱互為之際體認波浪彈力之微妙。三角蓄勁直線發力，豎撞發力之際須假借夜深人靜雨橫瘋狂，雨氣昏千嶂，江聲撼萬象，雲翻一天墨，浪蹴半空花，而我欲推窗觀望，窗開而狂風橫雨劈頭蓋臉而來。我本能地抽身避之，此種本能抽身避害之反應，模擬之，即為此項打法也。

（5）驚蛇迂迴

此項打法即橫拳也。

設對方起右手欲擊我之胸腹部位，當其已起未落之際，我出左足，同時我之左手以橫截滾錯之力，引進敵力使之落空。敵身有拔根前俯之勢，順勢我將左手臂猛然向上一翻，

翻時帶揚，以左手掌內面與左手臂底部為鋒面，用均整之力，向對方右胸部橫擊，彼必翻出。亦可用右手助力，以加強炸力之直射速度。

此項打法仍是來回勁，利用波浪彈力，與上法所不同處，在於上法裹撈之力，其方向是自敵身往下裹撈，而本法翻揚之力，其方向是自敵身往上翻揚，兩法皆是先吞後吐，因發而蓄，引進落空，力撥千斤也。

習時，須兩手左右互換，進退皆須發力適當。借腰脊撈擺橫搖之勢，練出波浪鋒棱，須於三角之中求直線，直中寓橫，三角化打，直線橫走，想己身猶如驚蛇之橫走豎撞，迂迴敵之兩側也。其要在於使己之重力位能轉化為重力動能也。

操練此法，須以來回勁所形成之波浪力為主，己身能有此種浪力，則不難得此法之妙。

(6)勒馬聽風

此意拳之栽捶也。

設對方出右手欲擊我之胸腹，當其來手已實，我兩手同去，左足隨出，我之左手掌心向下，橫截對方右手臂，一接觸我之左掌即刻向內一滾，以攬墜撐裹之，必將其手臂引進，使之喪失作用點，此際，我之整體自左下方向右上方作一弧形旋轉，同時我之右臂握拳曲肘，以腰脊之弧形旋轉為動力亦向右上撐提，在我腰脊旋轉所生之離心力的推動下，我之左手所引進者不只是對方之右手臂，而是敵之整體，彼不但拔根提氣，而是向前栽俯，我即刻順勢將整體往回旋轉，在腰脊回旋之帶動下我之向右上撐提之手以拳往下落，擊敵之胸腹部。

設對方兩手同來，打法與上述亦略同，我之向上撐提之右手，於撐提之前須以叨鈎之力向斜上撐提其左手，叨鈎須

用拳腕所生旋提之力。其它動作與上法同。

習時，須體認力之運用。此法之關鍵在於腰脊來回旋轉時所產生之離心力與向心力之相爭也。亦是來回勁，即爭力也。離向本團圈，陡頓離向分，源動在腰脊，蹬地定乾坤，習時須左右互換，進退發力，發力不適當，須尋求於腰脊，腰脊外旋之來勁將敵身引進，使之落空，腰脊內旋之回勁復將引進敵身擊出去，外手變內旋全靠腰脊之突然一頓，而腰脊突然一頓之妙又生於所出於虛足之利用地面反作用力。此種用力之法，即為吞吐也。故習時於腰足陡頓登地之際猶如騎馬臨深淵，狂風襲面來，勒馬聽狂風，撒手落懸崖。發力之際須有性命攸關之感，力力篤實。

此項打法甚是厲害，不至性命關連之際，不可輕用。習時既須求力之篤實，更須培植肯忍狠之心理，否則難致實用之效。

(7) 猛虎搜山

此法即反身旋打也。

設有敵自我背後襲來，我不知對方擊我何處亦不知其所來之手是單是雙，此際即須用顧我不顧敵之法，設敵方襲我時，我之左腳在前右腳在後，我雙足原地不動，以兩足尖為軸，整體旋轉一百八十度，原前足變後足，原後足變前足，我之整體自我左前向我，右後起旋之際，我之雙手併起，兩臂皆曲肘作三角形，掌心皆向外，右掌不過眉，左掌之四指皆靠近右肘之外側，要緊如焊接，須有九牛接不開之勢，如是，我之兩臂即如一張豎起之大弓背，借我整體旋轉之勢，此一大弓背即產生一種旋中帶橫之力，對方所來之手堅勁，而我則是直線橫走之力，敵之手臂與我之手臂相遇，其力必被化走。當我手臂一感知觸覺，即刻雙臂化曲為直，向我之前下方發力，觸敵何處擊何處，此即三角蓄勁斷敵手，直線

發力奪敵身也。此法之妙，與其說在眼神之視覺，不如說在兩耳之聽覺與皮膚之觸覺也。察覺有敵襲我背後，靠聽覺、兩臂觸感一實即發力。非操練有素，具備毛髮勢如戟之功，則不能發力均整適當。

此法之關鍵在於鉚肩焊肘，兩手臂不論遇到何種手法，皆須捶之不開，擊之不散，如是才能將我之頂門至小腹這一範圍護住。故習時，切記不許假想假設敵採何種方法，我又如何應付。我只練腰脊如軸肩肘自焊接，旋力靈活而已。聽到身有敵聲，我即如此動，只顧我不顧彼，雖非混擊蠻打，卻也無招無術，雖回無招無術，卻也訓練有素。習時須左右互換，虛實分明，聽力兩耳閑，觸覺要敏感，旋轉身穩健，發力不靠眼。且習時須思己身如被激怒之猛虎，有出林搜山欲崩之勢。平日如此練習，遇敵時自有不可思議之妙。

(8) 陸地行舟

此意拳崩打豎撞之法也。可用於主動發力，亦可用於接發力，用於主動發力更為適合。

設對方向我而立，其右足在前，我則出左足至其斜前方，隨即上右足至其兩足間，手併去，右手臂曲蓄斜豎，拳背向敵，左手放在右手臂之內側以助力，以均整驚炸之力向敵胸部撞去，敵必翻出，在我出右足進右足之際，我走一三角形，此際借腰脊之擰擺橫搖，整體生成一種旋力，待此種旋力觸及敵體時，即已炸力形式爆發。此法迅猛異常。

此法用於退步接發力猶為得力，設對方起手擊我胸腹，其所起之手不論單雙，如彼右足在前，窺取我之中央，我則退左足，同時我之雙手臂以三角蓄勁，提弓捉弧之勢，用沉滾推錯之力，此際敵身必失重前俯，我隨勢將雙手臂斜豎起，拳皆向敵，以掤彈之勁，向敵擊去，可落於其面部，可落於胸前，可落於肩頭，何處利於我，我即於何處發力進

擊。此法之關鍵在於後退之虛足。須巧妙地利用虛足著地時地面之反作用力。

此法若能運用恰當，敵必被捌出數步之遠。

習時需左右互換進退交替發力。雙足擦拉。兩手提弓捉弧。整體借腰脊擰擺橫搖之勢，進退手舞須挾浪，縱橫起落帶鋒棱，我無預見聽敵力，好似游水泛空身。習時須體認力之運用，此法仍以腰脊之旋力為原動力，務使力達於四肢，貫於手足，實足不許全然站煞，須令支撐全體重心之能事。虛足不許全然無力，須充分利用地面反作用之彈力，兩手臂既要無定型，又要有所處。心目之中既無欲擊何處之成見，又須有尋蹤追跡以發力之意向，惟感己身如不繫之舟，泛於游水，惟風力是應，遇坎則止，順暢則流，意不停，力不斷，神不散，形渾噩。習時，若有旁觀者，須給彼以一種神形意力皆是「希裡糊塗」之感覺，方為妙也。如是習之恆久，自會感到奇趣橫生，遇敵時自得力也。

2.香鯨游旋

此即混元椿之展開式也。

此式之奧妙，即其三角螺旋力。整體及兩臂雙足皆須依本三角螺旋之規律而運行，切記須以整體之旋力帶動兩臂與兩足之旋力，務使局部隨整體而運行，不許局部破壞整體。內勁真力通過腰脊擰擺橫搖所生之旋力推動兩臂伸縮輪旋不已。兩臂前伸，螺旋式前進，為捲，生離心力；兩臂後縮，螺旋式後退，為裹，生向心力，利用陡頓離向分之法則，當兩臂伸捲前進即將結束而其縮裹後退即將開始之際，在腰腿之配合下，兩手臂應一頓，使旋力化作炸力而貫於指端。此際試力即為發力矣。此種轉化可隱於內亦可顯於外，其隱顯之限，應以自己之意感為度。意不用動，力不外發，從技擊

效用講，兩手臂螺旋式伸捲前進，支點猶如滾絲，肩肘似機輪，引進化走敵力於無形，三角蓄勁橫擰直取，頓放敵身而留痕於其眼底胸前，然兩手臂螺旋式裹縮後退力點不抗勁，肘腕皆如滾珠木輪，橫截推錯，曲中寓直，頓遒己身，吞噬敵力於無形，我臂已刻入敵腕臂之骨裡矣。

此即旋力吞吐於無形，離向沉托要留痕，三角螺旋曲中直，滑車槓杆作功長。

此法為意拳之基本功。昔日從我習意拳之諸友好，能將此法操到好處者，千萬一二，非我授之不詳，實此筆未將陡頓離向分之法則參透也。於此特意指出，望後學者勉之。

習時須時刻體認螺旋力向炸力之轉化，借橫走之旋力發出豎撞之炸力，三角蓄勁，直線發力，進退縱橫揮浪舞，起伏無定虛實睹。整體與手足動作之螺旋形，對方觸及何處，何處即能使對方失去平衡而倒地也。此法操之純熟，自有不可思議之妙。

此法為一項發力模式，從中可派生若干具體打法。

(9) 烈虎出洞

此法為意拳之遒放也。須利用分布力。

設對方以雙掌或雙拳襲我胸部，其右足向我發起穿襠窺中之勢，我出右足同時雙手同去，自其兩手臂之下沿其小臂內側猛然向上遒提，將其兩腕別於我之兩肘之內側，與此同時，我上體與下肢運用對拉拔長之爭力迫使對方拔根提氣，隨即用雙掌以捲挺頓放之力向彼之前胸推去，敵必被放出無疑矣。

此法之關鍵在於遒，遒中須有引掣之意，撑肩橫肘臂腕捲橫以引進敵身使之就我，上兜下坐，頭足對拉拔長，用兜捲抽托之力，力以擎起彼身，使之拔根，若能使敵拔根就我，則我則遒變放之際，敵必無隙可乘，而由我擲出矣。故

遒放之法，遒為切要。然須切記放非全然直推之意，放中須有頓挫之力，啟雙掌至其身，不許一沾即離雙手須沿其胸而下走，直至掌心離物感而後止。同時須借腿之力，以使雙放之力均整適當。故習時須體認此種用力之法，此刻留心肩肘腰腳之配合。務求力之均整。習時切記遒時臀部不許越過後足根，又須有虎歲之擴，放時腰脊垂線不許彎曲，須有斜中寓直之意；沾身縱力，抽身勁發，如烈虎之出洞，欲出而又入，欲入而又出，前伸後坐，爭力均整也。

(10) 雷霆擊地

此項打法為意拳之雙把栽捶也。

設對方低身下勢，出右足向我發起穿襠之攻勢，同時對手向我臍腹部打來，其手法似形意之馬拍子或炮捶之雙挫掌，來勢甚猛，設我右足在前，遂將右足後撒半步，同時雙手並去，自上捶入其兩小臂之間，我之掌腕即用橫撐旋提之力，叨鈎撐提其兩臂腕，向我懷中引進其身，若敵方有執叫勁後坐，我則破執，乘勢鬆鈎握拳並將後撒之右足進半步，同時我之雙拳借上體與下肢對拉拔長之爭力向敵之兩前胸擊去，敵必坐地彈起，傷內而挫擰腰脊。

此法之關鍵在於整個動作皆須巧妙地利用地而之反彈射力。我之右足後撒半步時，須利用地面之反作用力以引進敵身，待敵後坐叫勁我進步破執以發力進擊，亦須借地面之反作用力，以增強我上下對拉拔長兩生爭力之直射強度，我力之方向並非平直，而是沿敵體而斜下。故我力遞至敵身而達於地面，地面之反射彈力又有將敵體彈起之勢，如是敵之腰脊之垂線即彎曲矣。故此法之凶猛不僅在於擊其胸腹而傷其內臟，更在於挫傷其腰脊骨焉。因此，此法所運用之力，猶如雷霆閃電自天空達於地面，復自地面反射於天空也。習時，須時刻體束身發力，上下對拉拔長縮放之，既矛盾又統

一之爭力。此種爭力為集中力也。

昔日我嘗謂意拳有拔地欲飛之力，更與地心爭力。學者多各解其義，故意拳之某些斷手之技巧也難學到手。於此我再次提出利用地面反射彈力之妙，以克服雙重不化之病，望學者努力為之。

3.神龜出水

此法即大乘樁之展開勢也。

此式之妙即在於上下對拉，提、按互演，前後拔長，形曲力直，其形象猶如大龜立游於水面，欲浮而又沉，欲沉而又浮，時浮時沉而挾浪揚波於水面。操練此法之技擊性目的是欲使我之周身上下按之皆有漂木之動，蓋化打無執也。故習時，須體認反者力之用這成法則，上下對拉、提、按、撐、錯，前後拔長，摟、劈、鑽、刺，左右圓撐，骨藏鋒棱，利用各關節拉力所生之分力，尋求其合力點以達到技擊之效用。然仍是三角化打勁始蓄，直線發力帶鋒棱，手握提按斜撐錯，單臂槓杆克阻力，暫時須體認我之兩臂所生若漂木之力，此單臂槓杆為之妙也。

習時須體認地面之反作用力。蓋此式之全部精神在於力生有兩，兩則能一，力之生皆成對成雙，有向前之作用力必有向後之反作用力，有向下之作用力必有向上之反作用力，作用力與反作用力，作用於一條直線之上，大小相等，方向相反，同時出現，同時消失，性質相同，互不抵消，技擊發力時，我之前進或後退之虛足，對地面施加之作用力愈大，所發之力亦就愈均整。

故技擊時，為增強作用力，以獲得大小相等、性質相同、方向相反之反作用力，在周身三角蓄勁之外，還須善於利用所進或所退之虛足蹬地所生之集中力即反作用力。又須

知我所進或所退之虛足，足尖一點地，即為單臂力槓桿也。此種單臂力，頓杆所生之反作用力與我單臂上肢速度槓桿所生之作用力，既矛盾又統一，以合成斷手制敵之均整之力也，藏身落手擊敵，操練此式時，還須注意使我之整體重力作用線常保持在兩足支撐面積之內，以穩定我之樞紐平衡。

欲達此目的，又須頂上意空靈。蓋我之頭顱係一平衡槓桿也。拳家所謂「虛靈頂勁」，即指此也。故習時頭不許前低，不許後仰，以與手臂虛足之單臂槓桿相配合也。

故於別處，我曾將此樁法名為槓杆樁，實非焉故也。

「神龜出水」之式既為一項基礎試力，又係一項斷手模式，從中可派生若干具體打法，茲分述如次：

(11) 金戈鐵馬

設對方出左足起左手欲擊我之頸部或前胸，我向其左足之左側出右足，同時起右手，以旋提撐捲之力，利用我右前臂速度槓桿之特點，勁小而快猛，橫截其左前臂或其肘部，我之右足利用對面反作用力配合我右臂之作用力，將對方擎起，此際敵已拔根提氣，我乘勢將所進之平步撤回，同時提起右拳隨即下落擊對方之腋肘部位，落手是點往下延續成面，使炸力的分布力之形式逆至敵身，配合此頓動作所撤之右進仍須利用地面之反作用力。

此法之關鍵在於我起手旋提敵臂時須藏身，落手擊敵時須束身即利用對拉拔長之爭力也。

習時須左右互換，進退發力，體認旋提敵臂時，須適當縮短我單臂槓桿阻力臂之妙用，切忌以拳腕旋提。其藏身而起，束手而落，前進復撤之勢，實如執金戈，跨鐵馬馳聘沙場之古代將軍也。

(12) 驚蛇入穴

此法即鑽刺也。

設對方手起右手欲襲我之胸腹部，我則出左足兩手併去，左前右後，左前臂自下以驚彈之力橫截其右前臂，左手以橫拳擊其右肋部位，同時我右手自上拍打其右手背，我之左右兩臂以對拉拔長之勢將敵之右臂撐住，迫使對方拔根提氣，彼必被擲出。如我所出之左手為拳，擊對方之肋部，並左右互換，連續使用。此即意拳之連環馬，厲害無比。此法亦可用於對付對方之高路手法，我即以指拳刺對方之面部。

此法之關鍵，仍在上下對拉，前後拔長之爭力，尤在前後之拔，用退步發力之法最為適當。故習時，須體認前後拔長之勢，前手進擊之作用力，與後退虛足蹬地之反作用力成一直線。猶如長蛇之受驚，懼怕而竄入其穴也。

(13) 頓開金鎖

此法為意拳之撕之也。係利用逆向之手行力。

設對方出右足雙手向我胸腹部襲來或對方抓我之兩肩或兩大臂，如躓跂者然，我亦出後足兩手起於彼兩臂之外側，右手向我之左前方推對方之外肩頭或其大臂之外側，右手向我之右後方鉤拉對方之右腕內側或其右小臂內側，我之一推一拉之力須大小相等，方向相反並須平行，同時生成同時消失，尤須借助腰脊之力擰擺橫搖與所生虛足之蹬地力，腰脊四肢配合無間，力必均整，如是力至敵身，彼必整體轉動而拔根翻出矣。

此法之關鍵在於兩臂之逆向平行對拉拔長，如以拇指食指擰鑰啟鎖之力也。習時，須左右互換，進退發力，體認此種用力之法，習時還須體認推拉二力作用線之間的垂直距離不可太小，小則無力，然亦不可太大，大則力散，須大小適當，方為妙也。

(14) 老僧稽首

此項打法為意拳叼鈎之法力，內有撐抱，仍係利用單臂

槓杆力也。

設對方以左手擊我面部，來勢凶猛異常，我如用橫截之法，甚難斷其來手，我則退右足，雙手併起，左手掌掛其右小臂內側，兩手掌一合須有鐵鉗夾之力，隨其右手之衝力，我合十之雙掌夾住其右小臂內側向我左後方擲去，敵必拔根前栽，不打而自蹶矣。此法之形象頗似僧侶之合十稽首，實利用速度槓杆力也。

設對方以右手擊我之臍腹部位，來勢亦凶猛異常，我如用橫截之法亦甚難斷其來手，我仍退右足，雙手合十併去，以左手臂之外側叼其右手臂之內側，同時我之右手與左手合十併攏，以雙臂之力引進其單臂之力，彼必前栽倒地。

此法之關鍵在於兩臂運動速度要快，運動速度愈大，則其動量也愈大，兩臂須在最短之時間內通過其工作距離，縮短其力之作用時間，故習時須體認此種猝猛寸整之發力方法。

(15)狸貓追鼠

此法即雙撞雙推之法也。仍須利用前後對拉，上下拔長之作用力與反作用力。

設對方叼住我之雙手，並向其懷中用力叫我之整體欲將我引進而制之，設我之右足在前，我無執，令彼亦無執，我順勢就其引我之力將雙拳向其胸腹撞去，此際對方必後仰以避我之雙拳，如是，彼叼我之雙手之勁必鬆，但其勁雖鬆而形未鬆，我隨將雙臂以均整之力往下一抖，上下拔長，彼必鬆開前手而前俯就我，我再起雙手擊其胸部，前後對拉，以均整之力將對方擊出。

此法之關鍵在破其引我之力，一般情況下，彼必向其兩側即或左或右之方向引我，而在我雖不許有執但，必須將其引我之力變成逆其體之力，此法即是隨中有牽之法。此法用

好則其它動作則隨之適當得固力。故習時，須始終保持力之直射，須體認我上下拔長是為了更適於前後之對拉也，習時，其形象猶如俯身前趨，徹地覓物之狀，雙手下落有聲，而步履卻似貓輕，故曰狸貓追鼠也。

4.鷹戲封姨

此法即鷹椿之展開勢，其作用於人體矣凡此種。

昔日我曾提出「與大氣相呼應」、「利用宇宙之力波」、「與地心爭力」之體認靈氣阻力，何似等說法，學者多莫解其義，因之於試為與斷手之道亦多似是而非。

察人體之所以能有機械運動，實外力為其原因。如無地面給人體一種反作用力則人體根本不會機動，技擊尤其如此，不借助於地面之反作用力，根本不能達到技擊目的，此即「與地心爭力」之一義也。

如我由技擊椿之站式過渡到技擊椿之展開式，乃由於我之整體由我之一足向後下方給地面一個反作用力，同時地面應透過此足給我之整體以一個反作用力，在此反作用力之推動下，我之整體始獲得向前之加速度。空氣阻力亦是一種反作用力，以分布力之形式作用於人體，有時作用於人體之某一局部，如左手或右手等，技擊時，須借助於此種反作用力，尤其是利用呼吸之彈力，此即「大氣呼應」，體認「空氣阻力」之一義也。

又如人體在走擦拉步時，有向心力（離心力隨之）生成，此表明有向心力，作用於人體，當人體之擦拉步停止時，向心力消失，此表明向心力亦不復作用於人體矣。凡此種種之合外力，即我所謂宇宙力波也。欲達技擊之目的，不利用宇宙力波，則如無米而作炊也。誠然，意拳注重內勁真力，亦即本能活力，然惟有內勁而無由發之，亦徒然也。

人體筋肉逋放之內勁須與宇宙力波相配合，二者相反相成，所謂高超之技擊家實即利用二者間統一矛盾之能手也。

此或之技擊效用，在於依本此或所設計之姿勢而運行，以體認宇宙力波之妙，習之恆久成本能反射，遇敵自能得心應手，應付有餘，此勢之運行仍依本三角蓄勁，形曲力直線發力（力直）之法則。我之整體各關節皆成鈍三角形，各關節之相對位置即潛蓄一種彈力勢能，在意念領導神經支配與筋肉支撐逋放三條件下，借助宇宙之力波，此種彈力勢能即轉化為彈力動能，此即技擊之所需，所謂「遍體彈簧似」也。故習時雙臂向意向之方向伸縮逋放，借助於宇宙之力波，將勢能轉化為動能，其勢如蒼鷹之翔行，俊鶻之橫飛，似有我不知我乘風力耶，或風乘我力耶之慨。

習時我縱橫往返，高低起伏，進退發力，我之整體重心不斷變化，其與地面之相對位置即潛蓄一種重力勢能，在意念領導神經支配與腰脊擰擺橫搖虛足蹬地之條件下，借助於宇宙之力波，此種重力勢能即轉化為重力動能。此即技擊之所需，所謂「渾噩逆體」者是也。其勢如神鷹之順風捉兔也，又如游龍之逆流出水也，此即直線發力之要也。

我於別處曾提出「勁潛百體內，力奮形骸外」之說，學者費解，故於此處扼要述之，望學者體認操存，久之，自覺奇趣盎然。

總之此法之妙，是一彈二撞，彈中寓撞，撞事寓彈，然仍係依本形曲力直之法則，此法既是一項基礎試力，又係一項斷手模式，從中可以派生若干具體打法，茲分述如次：

(16) 烈馬奔放

此即鑽裏踐。仍係利用地面支撐之反作用力。

設對方起右手欲擊我胸部或胸部以上之部位，對方同時出右足欲取我之中央，我亦出右足，但只半步，放於其右足

之內側，有套鉤之勢，我同時起右手，手掌向外，以小臂前部之外側截擊彼大臂前部之外側，一接觸我即以均整之力撞其大臂，隨即我猛轉我之小臂，以裏吞之力略引其身，於猛轉小臂之際，我之右手已握拳，以鑽挺爆炸之力向彼之面部或右側之動脈部位擊去，此法之關鍵在於開始之一撞，此一撞使我之角度是豎勁，從對方之角度看是橫勁。借此一撞，務使對方之整體來一個約45°之轉動方為妙。此際彼必拔根提氣，順勢我裏吞以發力進擊則回旋有餘矣。撞之所以成功取決於我所出虛足之蹬地與我腰脊之擰擺橫搖，兩個動作統一協調，使我之整體動力勢能變為整體重力動能，借我小臂外側之鋒面傳遞到對方之整體，彼若功力較淺，彼不往整體轉動拔根，而實有翻出之可能，為增大力之直射速度，我可用右手撐助我之右小臂，同時亦可避免我右臂關節之病。

設對方功力較深，當我以右臂撞彼時，彼卻抗勁有執，我則順勢翻手裏捋其臂，吞噬其力而引進其身，在發此動作之同時，我前虛足一點地，以助上肢吞引之勢，當我後撤之右足一蹬地，我裏捋之右手即變拳進擊對方之面部。此法之關鍵，在於我右手裏捋吞引之形力是向後而我前足卻前蹬，此是前後對拉，當我右手由裏捋吞引變為向前進擊之際，而我前足變為後足，卻向後蹬地，此仍是前後對拉，在此前後對拉拔長之過程中，我之整體重力動能借我後拳之鋒面傳遞至對方之整體，彼必負傷翻出，欲使我力均整適當必巧於利用地面之支撐反作用力，尤須切記我進擊之拳必須指向對方之面部。蓋我後足蹬地時所生反作用力之方向之斜上於亦即我之後足及其蹬地時反作用力之合力，皆與地面成一銳角，欲充分利用此反作用力之效應，須使此項力與我右拳所發之力作用在一條直線上，如是則著敵之力必均整。

同時須左右互換進退發力，體認各項力之運用，運動速

度之快若雷霆閃電，其行形似烈馬之奔放，而其神意則又如秋霜之肅草木也。

習時還須切記若不利用呼吸之彈力，亦難得此法之妙，蓋我之內勁整體真力中除筋肉道放之拉力外，發力之際某些器官也利用適當則為動力，如利用不適當則為阻力，橫隔膜即為此類器官。於發力之際它之呼吸與大氣相應合，氣沉隔膜下，所謂「氣沉丹田」則發力適當。如隔膜發緊，氣浮於胸，則發力必不能均整，發力時若呼吸能與大氣應合，無論以呼氣之法或醒氣之法，利用聲由內轉之功夫，則力必均整。此仍係利用宇宙之力波也。故習時須以聲輔也，用時亦應如此。

(17) 俊鶺舒翅

此法與上述之第二法略用同。

設我裏吞對方之力並引進其身之際，由於彼身向前俯栽，身勢過低，若用直拳擊其面且我發力即有不及之虞，故必順勢橫擊我之右臂，手心向下以我右小臂內側為鋒面橫擊對方之面部或胸部，對方亦必負傷翻出。此法只適於退步發力，若用於進步發力，則須出左足而右足進擊或出右足而左手進擊，習時須體識此種發力之道。

習時須左右互換進退皆須發力適當，仍須利用宇宙之力波，要有大鳥乘氣流而直飛橫游之勢，故喻之曰俊鶺舒翅也。

(18) 浪力三頓

此意拳之頭擊肩打之法也。仍須依本人體重力動能之法則，亦橫走豎撞之打法。

設對方將我之雙腕皆叼住，其形勁皆甚紮實，且將我之兩臂向左右兩側張開，其右足在前，彼隨時即有起左足欲撩我腹襠之勢。此際設我右足在前，我即用右足猛然蹬地，借

地面支撐反作用力，我之雙臂猛然向後撐去，將對方引進就我，我隨勢以頭之前額為鋒面借我腰脊擰擺橫搖之浪力撞其面部，彼必負傷翻出。

設我右足蹬地之際，左臂後撐而右臂即向我斜下方撐去，亦是意欲將彼引進就我，我乘勢用左肩須撞彼之左肩頭，對方亦必翻出。設我左足在前，則左足蹬地之際，我之右臂向後撐去引進彼身，我乘勢以我之右肩頭撞彼之右肩頭。

此法之關鍵在於我腰脊擰擺橫搖之浪力，以此種浪力將我之重力勢能化重力動能而逆至彼身。此頭或兩肩為敵之鋒面，故習時須有浪力或浪力之帶動下，使重力對我之整體之某局部鋒面傳至對方之身體某一局部，以奪其重心。此即撐打之妙也。故習時，須身動揮浪舞，意力水面行，兩臂尖之頭妙在蹬虛足時亦須左右互換進退發力，發力時仍要體認宇宙力浪之微妙。

(19) 寒雞立雪

此法亦是橫走豎撞之法也，仍依本上述之法則。

設對方出左足併起左手擊我胸腹部位，我出右足起右手以推錯裏抱之力橫截其左手，吞噬其力而引進其形，待其形略前俯，我之右手猛然自其右小臂之上向其左胸肋部位翻揚橫推，同時我起右足向其左小腿之脛部橫踩，上下之動作須做成一個動作。對方必被撞出。

設對方來勢甚為凶猛，我在橫截其左手時，不出右足，而卻退左足在右足蹬地之際右手變翻揚，同時左足借蹬地之力，立即起而橫踩對方之左小腿，對方亦必翻出。此法之關鍵係利用來回勁所生之浪力將我之整體搖擺起來，以發揮重力動能，將對方撞出。

習時須左右互換進退發力其迂迴曲伸，重心移一之勢猶

如游龍之戲鶴，寒雞之鬥驚蛇也。此為雞椿之展開式也。

習時還須切記所起之橫足不是踢亦非蹬，而實是以踩之形式將我整體之重力動能傳給對方，與上肢之橫推配合，實為推撞之法。所起之橫足不宜過高，以不過對方之膝部最為適當。

5.騰蛟挾浪旋

此養生椿之展開式。

此勢為技擊斷手模式之一。係利用向心力及其反作用力離心力，仍利用離向本囮圇。陡頓離向之法則以腰脊為豎軸，兩臂前伸左手在前出左足，右手在前出右足，左右互換，整體轉動不已，進退發力，力生於足，勁貫指端，其勢若騰蛟之破浪前進，力波起伏旋渦滾滾，實有橫掃鯨穴之意也。

習時須體認離向二力之功，向心力作用於我腰軸，而離心力作用於我之兩手掌，特別是前手，當我雙手觸敵，借所進或所退之虛足蹬地力突然停止旋動，向心力停止做功，離心力同時消失，我之雙拳循慣性力沿切線方向做直線運動。此種直射力始為技擊斷手之所需也，離心向心同時生成，同時消失。生成之際，你蓄勁之時，消失之時，為發力之際。我之整體旋動之時，須上下拔長，前後對拉，左右圓撐，身若旋球也。整體其鋒棱，蓋圓中有直也。故此法所試之力實為慣性力。此法之關鍵在於突然中斷離心力，此即所謂陡頓。技擊斷手所需要者，正是此類陡頓之力也。

由此式可以派生若干具體打法，茲分述如次：

(20) 槺頭拷打

此法係依本慣性力，頓打之法也。

設對方出左手並左足，以直拳之形式擊我之胸部，我出

右足雙手自下起，握拳以左拳截擊對方之左小臂，以右拳橫擊其左肩部或其左大臂，以腰脊為豎軸，整體作 180° 之旋轉，所出虛足一蹬地向心力即中斷，借陡頓之力，將對方擊出，其勢如掄榔頭以擊物也。

設對方來勢甚猛且有穿襠之勢，我可用退步斷手之法。

此法之關鍵在於我雙臂旋轉時須曲蓄，陡頓之際卻須直伸，蓋因離向之力同時消失之時，我所出之右拳有循慣性力沿切線作直線運動之勢。因此，我之右拳在撞觸敵之左肩或左大臂之際有一種摩擦力也，此法之妙即為吞即吐，而吞吐無間行也，引進其力即為打，故習時須體認此種用力之法，不可草率從事。

習時須左右互換進退，發力以腰脊擰擺橫搖之勢，帶動兩臂之旋轉，以兩臂之旋轉吞噬敵力而引進其身，使用時甚為得力省事，毫無拖泥帶水之病也。

此法仍是利用我整體重力勢能向重力動能之轉化，蓋我整體之重力係一種分布力，故我用此法發力要即爆炸力之運用也。

(21) 腦後發炮

此法仍為利用慣力觸敵時爆發為炸力。

設對方出右足起右手欲擊我之面部，我出左足雙手併去，右手以切裹之力吞噬其力，而引進其身，左手旋出握拳擊對方頭顱之丘腦部位，我雙手之動作應不用局部之力，須借腰脊擰擺橫搖之力與所出左虛足蹬地時之支撐反作用力。同時吞噬其力並引進其身，務使敵就我而擊之，如是方為妙也。此法若能操之適當，能使對方斃命，故學者宜慎用之。

習時仍須體認「離象本囫圇，陡頓離象分」之法則，須使我整體重力勢能向重力動能之轉化以炸力形式遞至其身，亦即我之整體於發力時必須上下拔長，前後對拉，左右圓撐

也，不如是則力必不均整。故運用此法以擊敵，力如炸藥拳如彈，手至敵身力分布，此即曲中寓直之炮捶也。習時仍須左右互換進退發力。

法　論

意拳之斷手共五式廿一法，皆以力之運用為主，整體發力鋒面觸敵，借宇宙之力波，發揮本能活力，非局部片面之法也。

習之恆久自不難升堂入室，而得莫知至而至之妙。應掌握之法不宜過多，多則臨戰時必被束縛，蓋不果決故也。

此文係我暮年發病時所作，寫作時常有筆不從心之感，然此文之要我卻了然明暢，一曰勁力均整，二曰三角預應，三曰單重發力，四曰無法即法，法在無念，五曰提頓吞吐，沉托分閉，六曰形力須歸一，神意不著象。學者能於此六義中有所體認，則於意拳之道蓋亦思過半矣。

我常感到天地間之學問實無窮盡，而筆墨之實難表達我胸中之所道止。學者若能從我之所說者推出我之未說者，實我至望焉。

王薌齋
一九五九年於天津

習 拳 一 得

王薌齋

通常說有了健康的身體，才有偉大的事業。意思就是人身體健康，生命得以延長，而後才能從事一切事業。所以健康是非常重要的。而健康與否，在於平常休養和運動的得當不得當。也就是運動合於衛生，不合於衛生。須要詳加研討，並經實際的考驗。

究竟怎樣才是正當的運動呢？應於練習某種運動前根據醫學的方法檢查心臟的能力、血壓的高低、脈搏與呼吸的次數、紅白血球的數目，至練習一個相當時期以後，再行檢查，自然就知道這種運動正常不正常。所謂正常的運動是指適應人體自然發展的運動，唯有適合這種規律的運動，才能增強人體的健康。

正當的運動能加快全身的細胞及各個器官的新陳代謝，促進血液循環，增加體內燃燒作用，換言之就是使身體內部呈現活動狀態，因此，適當的運動，可以給予細胞以一定的刺激，對在成長期者可以促進其成長，增強體力，對已經成長者可以使之維持其效能，保持體力和健康。若運動不當，必然招致相反的結果。運動過激或運動不得當，不但損傷健康，甚而戕害身體，也就是發生疾病的誘因。

現在一般的運動，在筋肉疲勞以前，心臟已因呼吸困難而呈急性心臟擴張，因此，不得不停止運動以使心臟得以休息，減低呼吸的困難，恢復正常狀態。

中國的拳家是以完全與此相反的方法來鍛鍊身體，這種

運動是筋肉氣血的運動，更可說是整體細胞運動。在運動中使全身各種細胞器官同時平均發展為原則。即使運動時全身的筋肉雖早已疲勞至不能忍受，而心臟的搏動並不失常，呼吸並不困難，相反的，在運動後還能感覺到運動後比運動以前的呼吸輕鬆舒暢。是以其個人的筋肉、心臟所能負擔範圍內的能力來求其個體平均漸次發展生長。不限年齡，不限性別，達到保持健康，增強體力的目的。更因沒有任何招式，所以，在運動時腦神經不受刺激不緊張，還能得到恢復，也是與一般運動不同的地方。

站樁方法雖然只是站立不動，實則其內部筋肉細胞已在開始工作，完全在於求得身體內部筋肉細胞的發展與血液循環的適當，亦即所謂身體內部呈活動狀態，而非探求其外形的變動與轉移，以使身體各器官平均發展，減少心臟擴大後的不良現象。要知拳學的運動是大動不如小動，小動不如不動，不動才是生生不已之動。

這種運動可以說是我中華民族所獨有的特殊學術，但從未被一般人所注意，同時也不是一般人只憑主觀所能簡單了解的。若主觀的認為以很簡單的姿勢站住一動也不動，如何能長力，如何能練好身體，是根本沒有認識。實則就是這樣站著不動，不但能很快增長力量，而且能夠醫好許多在醫學上治療不好的多種慢性疾病。在治療醫學與預防醫學上是具有相當價值的。是一種最合於生理的運動方法。

至於一般的運動，有的失於激烈損害身體，有的失於偏頗而促成局部發達。因此，在生理上有欠缺的人不習運動尚可在日常生活中自然得其復元，一經運動反受戕害，致使疾病加深，甚或生命夭折。每見著名運動家和運動成績優良的青年，研究學術課程後反多落後。這都是運動不當所發生的各種不正常的現象。過去的拳術名家老手，也有因違背生理

而頓足努力，老年癱瘓下萎者，凡此種種，都是與運動生理相背馳。要知研究學術，不貴墨守成規，更忌抱殘守缺，重在體認與創造。但需根據原則與事實，繼續不斷地求創造，切實再切實。所以，運動無論人如何不能過激，再若說詳細分析現在的運動，都是以青年為對象，而忽略了 40 歲以後的壯年人和老年人。實際上，唯有 40 歲以後的人學識充足、經驗豐富，才能在國家社會中擔當重要的任務。忽略了這些人的正常運動，就是忽略了這些人的健康，對國家是極大的損失。以運動的原理來講，靜敬虛切是學習運動的要訣，同時還要渾大深慤的精神來培植她。如運動時不許閉氣，心臟搏動不許失常，橫隔膜不許稍緊，都要常識豐富的人，方易體驗。至 60 歲以後的人，若求技擊深造似不太易，欲求身心健康實非難事。

學習運動大致不外三個目的：一是求衛生身體健康；二是講自衛；三是尋理趣。

求衛生使身體健康，是最容易的。只要舒適自然，輕鬆無力，渾身像躺在水中或空氣中睡覺，就大半成功。若矯揉造作，蓄意別為，則徒然擾亂神經，消磨時日，再要激烈的搞起來，則終將受害，影響健康與生命。

運動的結果能使身體強健，進一步就要講衛生，所謂自衛，即可壓倒群流。若習到純熟神化的境地，更有不可思議和言語難以形容之妙，但是自衛與衛生有不可分離的聯帶關係。首先要身體健康，繼而要身手敏捷，力量過人。方法巧妙，才能適意而行。可是要想增長力量，切不可用力，一用力反沒有增長力量的希望。若求身手敏捷，動作迅速，鍛鍊時以不動為最好。

若是覺得枯燥無味或是煩累難支，也不妨稍事動作。可是要知道，動時要有動乎不得止，止乎不得不動之意，亦

即只許有動之因，不許有動之果。意思就是精神意念要深切，不需要形式上作出來。形式上一作出來，就如所謂有形則力散，無形則神聚，破體而力散，所以，愈慢愈好。這樣方可能逐漸體會到四肢百骸各種細胞工作如何，不致使體驗漠然滑過，這是學動最簡單的條件。倘若求速度的美觀以表示靈敏，不唯毫無所得，反根本消滅了希望。

要求方法巧妙以制敵，那更要任何方法不許有，若是有了人造的方法，參雜其間，就可把萬變無窮的本能妙用丟失了。

這種運動極簡易，可以一目了然，收穫也極快，不過需要不用腦力，不用氣力，不單獨消磨任何時間，養成生活的好習慣方可奏效，而有益於身心，若想要花樣示強威，必將終無所成。

這種運動雖簡單，而有絕頂聰明的人愈學越感其難，竟有終身習行，苦心鍛鍊一生，是非不能辨者。要知道宇宙間平常才是非常，若捨平常而學非常，就無疑走入了岐途。

這種運動的理趣是無窮的，千頭萬緒一時無從說起，願略舉一二原理竭誠歡迎同好者研究參討。

如動靜、虛實、快慢、鬆緊、進退、反測、縱橫、高低、爭讓、追道、鼓蕩、開合、伸縮、抑揚、提頓、吞吐、陰陽、斜正、長短、大小、剛柔種種，都是矛盾的矛盾。參互錯綜而為的，作到元融的元融還要反回頭來學初步，這一切一切都是不能分開的，要分開就不能認識這種運動的真諦。

在這種運動中，鬆即是緊，緊即是鬆，鬆緊緊鬆勿過正。實即是虛，虛即是實，要實虛虛實得中平，橫豎撐抱互為根，打顧鑽閃同時用。

以上是為初學求力的人所說的，若不依照這種規範來學

習，終身鍛鍊不能識，果守這種規範來學習，一生學之不能盡。至於試力運力，發力蓄力以至有形無形種種，假借的力量言之太繁，姑不具論。若非逐漸的搜求鑽研，深造力追未易有得，一經入手便感平凡無奇，非常容易。因為這是一種平易近人，一法不立，無法不備，虛靈守默而應萬物的運動，若能以此相推，不日就可以觸類旁通。

拳學一道，不是一拳一腳謂之拳，也不是打三攝兩謂之拳，更不是一套一套謂之拳，乃是拳拳服膺謂之拳。

習拳主要的是首重衛生，其次是自衛。習拳能使醫藥無效的多種慢性疾病患者很快的都能恢復健康，使勞動者勞而晚衰，使失去勞動力者能夠恢復勞動。這樣才是拳的價值。這種運動可以說是運動的休息，休息的勞動。

自衛是技擊的變象，學技擊不是社會人士所想像的這手這麼用，那手那麼用，所謂技擊既不是那樣的複雜，但也不是所想像的如此簡單。而是首重修養，再按身心鍛鍊，試力及發力步驟學習，才可以逐漸的進行研討技擊。否則恐終於是非莫辯。修養是先由信條及四容八要方面來作起。信條是尊長獲幼，信義仁愛，智勇深厚，果決堅忍。四容是頭直目正，神莊聲靜，八要是靜敬、虛切、功慎、意和。有了以上沉實的基礎才能說到身心的鍛鍊。

鍛鍊首重樁法，同時研討關節和筋肉的控制及利用單雙重的鬆緊，單雙重不是專指兩手兩足的重量而言，頭、手、身、足、肩、肘、膝、胯以及大小關節，四體百骸，即些微點力都含有單雙、鬆緊、虛實、輕重之別。至於撐三抱七、前四後六顛倒互相為用，則不是簡單筆墨所能形容。總之，大都要由抽象做到實際，這不過是僅略述其目錄而已。

試力，力之名稱甚繁難能俱備，蓋力由試而得知，更由知而始能得其所以用。無論做何力的練習也得要形不破體，

意不著象，力不出尖，力有方向就是出尖。有形的、局部片面的動作，便呆板而減低力量的效能，並且繼續散亂茫無所從，較技如牛鬥而趨於死僵之途。試力要從假想去作，假想是無形的、是精神的，是永存不斷的，也是無往不浪的。拳學這件學術都是要由空洞中得來，精神意思要實足，不求形體相似。

發力要發這種力量的功效，須有基本的造就，有了各種力學的知識，然後與大氣的力量起應合，能與大氣起呼應，才能利用波浪的鬆緊。

要知發力不是注重擊出，或沒有擊出。擊中未擊中是要看自己本身發出的力量，是不是有了前後、左右、上下的平衡均正，具體螺旋的錯綜力量和無往不浪的力量，是不是輕鬆、準確、慢中快的惰性力量，是不是本能發動的不期然而然、莫知至而至的力量。有了以上的條件，始有學拳的希望，至於能學與否則又當別論。

歌　要

1.站椿時既愉快又甜蜜，省力得力增力而舒適，繼續再把技擊談幾句，最便利就是軍士操的稍息。要在內外均正力合一，由虛空尋求力之真實，拳學要道，一大半在抽象求實際，內外渾噩要調息，神經支配一切力，毛髮直豎意如戟。用力輕鬆，含意如鐵石，高則揚其身，筋肉宜遒斂，低則縮其身，整體含著躦捉擰裹待發的時機，間架配備常合適，節段曲折面積存虛實，點力鬆緊均衡無偏倚，無形變化，縱橫高低。體察周身無乘隙，以及假借種種力，言之繁難以極。略舉一二簡單式。空中旗浪中魚都是借鏡之良師，它動似山飛，靜如海溢。神猶霧豹，氣若靈犀，語雖抽象神意要切

實，想來真是無邊際，作起反覺很容易，只要處處留點意，並沒什麼奇難事，不過與聰明學識有關係，和個性之距離，與所需不所需。

2. 運動時慢思量，內外安排須妥當，變轉輕移不慌忙，遍體筋撐骨棱尖而放，態似書生若女郎，偉大尤比楚項王，一聲叱咤風雷響，神情豪放雄且壯，遇敵接觸似虎狼，舉步輕重如履溝壑深千丈，一面鼓，一面蕩，周身無點不彈簧，齒扣足抓毛髮似金槍，根根無不放光茫，神光離合旋繞在身旁，譬水之有波浪，回旋不已。縱橫在汪洋，無窮如天地，充實如太蒼，悠悠揚揚舒且暢。一經觸覺立時即緊張，如同火藥爆發狀，炸力發出意不亡，無形機變卻又深深暗中藏。閃展進退謹提防，打顧正側絲毫不虛讓，勢均力敵須看對手方，猶如鷹鶻下雞場，翻江倒海不須忙，丹鳳朝陽勢占強。撥攢擰挫斷飛蝗，勾錯刀叉同互上，腿足提縮似螳螂，揣敵力量有方向，察來勢之機會，度己身之短長，勢如龍駒扭絲繮，谷應山搖一齊撞。

3. 用功時莫發急，應找個適宜的場地，利用大樹的吸碳呼氧和紫外線的殺菌力，再凝神靜氣的站立，身體宜直，兩足分開與肩齊，周身關節都含著似曲非直意，內空洞外清虛，手要慢慢輕鬆提起，高不過眉低不過臍，臂半圓腋半虛，左手不往身右來，右手不往身左去。往懷抱不黏身，向外推不越尺，雙手變化在這範圍裡，不計姿勢之好壞，更不重式之繁簡與秩序，須體察全身內外得力不得力。守平庸莫好奇，非常都是極平易，研究學術不離今古與中西。這種運動真稀奇，因為世人多不知，不用腦不費力，並不消磨好時日，行、站、坐、臥都可練習，這裡邊蘊藏著精金美玉和無限的深思，鑽研起來生天趣，有誰能體會到這自娛能支配虛空宇宙力。鍛鍊的愉快難比喻。飄飄蕩蕩隨他去，精力充沛

神不疲，注意頂心如線繫，遍體輕鬆力如泥，慧眼默察細胞繫，如瘋如顛如醉如迷，虛靈獨存悠揚相依，海闊天空滌萬慮，哪管它日月星球都轉移，只要你肯恆心去站立，自有你想不到的舒適，這就是訣密。

4. 拳本服膺，靈定鬆騰，平易近人，理趣業生。一法不立，無法不容，拳本無法，有法也空。存理變質，陶冶性靈，信義仁勇，悉在其中，力任自然，矯健如龍。吐納靈源，體會功能，不即不離，禮讓謙恭，力合宇宙，發揮良能，持環得樞，機變無形，收視聽內，鍛鍊神經，動如怒虎，靜如蟄龍，神猶霧豹，力若犀行，虛靈守默，應感無窮。

5. 拳道極微細，勿以小道視，開闢首重武，學術始於此，當代多失傳，荒唐無邊際，拳道基服應，無長不匯集，切志倡拳學，欲復故元始，銘記究理性，技擊乃其次，要知拳真髓，首由站樁起，意在宇宙間，體忍學試力，百骸撐均衡，曲折有面積，彷彿起雲端，呼吸靜長細，舒適更悠揚，形象若瘋痴，絕緣屏雜念，斂神聽微雨，滿身空靈意，不容黏毫羽，有形似流水，無形如大氣，神綿覺如醉，悠然水中浴，默對向天空，虛靈須定意，熔爐大冶身，陶熔物不計，靈機自內變，調息聽靜虛，守靜如處女，動似蟄龍迷，力鬆意須緊，毛髮勢如戟。筋肉遒欲放，支點力滾絲，螺旋力無形，遍體彈簧似，關節若機輪，揣摩意中力，筋肉似驚蛇，履步風捲席，縱橫起巨波，若鯨游旋勢，頂上力空靈，身如繩吊繫，兩目神凝斂，兩耳聽靜極，小腹應常圓，胸間微含蓄，指端力透電，骨節鋒棱起，神態逾猿捷，足踏貓狙似，一觸即暴發，炸力無斷續，學者莫好奇，平易生天趣，神動似山飛，運力如海溢，返嬰尋天籟，軀柔似童浴，勿忘勿助長，升堂漸入室，如或論應敵，拳道微末技，首先力均整，

樞紐不偏倚，動靜互為根，精神多暗示，路線踏重心，鬆緊不滑滯，旋轉謹穩準，鈎錯互用宜，利鈍智或愚，切審對方意，捲曲勿就伸，虛實自轉移，蓄力如弓滿，看敵似電急，鷹瞻虎視威，足腕如蹙泥，鶻落似龍潛，渾身盡爭力，蓄意肯忍狠，膽大心要細，劈纏躦裏橫，接觸揣時機，習之要恆久，不期自然至，變化應無形，周旋無定意，叱咤走風雲，包羅小天地，若從跡象比，老莊與佛釋，班馬古文章，右軍鐘張字，大李王維畫，玄妙頗相似，造詣何能爾。善養吾浩氣，總之多抽象，精神須切實。

意 拳 拾 粹

王薌齋

力之運用

渾元爭力：爭力是無所不爭，四肢百骸大小關節無處不爭，虛虛實實、鬆鬆緊緊還是爭力，不爭就使不出力氣來。宇宙間無處不爭，自己與自己的四肢百骸爭，總之渾元一爭。

大氣呼應：大氣與你個人起呼應，你能利用他，叫他能答應，站樁久了慢慢地自然內部膨脹起來與大氣發生呼應之後就好辦了。

渾噩逆體：渾身好像什麼地方都沒有空隙，整個都有逆力，什麼地方打我全不怕，沒有很順當的力量，但又極順當，這也是矛盾出來的力量。

動靜互根：動與靜是一個東西，互為其根，靜即動、動即靜，一動一靜互為其用。鬆即緊、緊即鬆，鬆鬆緊緊勿過正。虛是實、實即虛，虛虛實實得中平。天地間沒有中平，哪個地方也沒有平衡，控制平衡就是正：都是單雙、鬆緊、虛實輕重、作用力與反作用力起錯綜複雜的作用。看著一動不動，裡面動得很快。動得很多，裡面氣血跑得反而慢，原因是不會動。如會動的話，動即靜、靜即動；動靜互根為用。初做應該不動，因為不會動，不動才是生生不已之動。會動了動起來才更快：假借地動，頭手、身足、肩肘、膝胯

能假借來動就更快，神動意動力量動，但形式上不動出來，那力量就最大。不在形式上看，這就是所謂動靜互根的意思，動靜研究起來沒完，做更複雜。

道放統一：力量不道緊，放的力量也就不大。要道得緊，才能放得遠。欲放先道，欲道先放。

有無互用：有與無也是一件東西。有了才看見沒有，有了就有沒有這一天，沒有就不知道能生出什麼來。世間一切均是如此。

順力逆行：手朝後拉，力量出去愈遠；手往前指，力量愈往後來。

勾錯刀叉：也是有形無形。形象化來講：出手如鋼銼，回手似勾杆（實際上都還未動）渾身若起大波浪（誰也看不見），渾身力量毛髮如戟、胳膊好像處處有刀叉一樣。人身機器不好形容，因為裡面有精神力量的存在，全是無形的假借。

斜正統一：斜即是正，正即是斜：由於支撐面不同，渾身關節的力量互有影響。力圓為正，一動是橫，橫是正面一作用是斜面，但作用你看不到。

多面螺旋：各方面全是螺旋，隨便動作先保持全身大小關切外撐裡裹，全成鈍三角。在這個時候，力量欲膨脹又收斂，渾身都起了螺旋，連腿下也是如此。這時一碰上就出去，像過電一樣。先是渾身都成鈍三角，一變方向渾身就「膨」的一下子起了螺旋的力量。

不動的轉移：動作的轉移，隨機而動變化無方。這種動是本能的動，不是形式上的美觀，而是實用合適。比如，手觸熱鐵立即縮回不容思考，不意絆了一跤而能站住未倒，都是本能反射，越不動轉移的就越快。一般人不會動，如果會動的轉移那就更好。靜若處女，動若脫韁之馬迅雷不及掩

耳。靜如書生，動若雷霆，神意含蓄、力似驚蛇，力之強弱須當體察作出無窮的辯證來就都有了。

面積虛實：沒有平的面積，這不是固定的，但裡邊肌肉好似盤子裡的滾珠沒有停留的時候。

神鬆意緊：突然受到刺激是神動，考慮怎麼辦是意動。神是本能反應，意加上了主觀能動作用。神鬆：使全身肌肉至毛髮都放鬆，利於氣血運行。意緊：以意領氣，意緊則氣血運行就更快了。

形曲力直：形不曲則力不直，就沒有勁了，成了直面積，前後左右就沒有呼應。形曲則前後、左右、上下都有力量，想到哪兒去都行，一直力就出了尖，就破體了，想用力量直了四周都沒用，這點用不上就完全瓦解了。形曲則力沒有方向，四周全能用上。畫一塊石頭，圓了就不行，一定要曲曲折折不許有平面積，有平面則無力（絕對了）起伏、升降、進退、吞吐，把虛實大意形容出來了。

所謂力直是各方面都有力量，也可以說力圓。直去也是旋繞著去，有波浪地去，但外形不露旋繞一條有直的力量。旋繞和直是矛盾之統一體，做的時候都用具體的東西，沒力氣也不行。

剛柔相濟：剛不是硬，柔不能軟。百煉之鋼成繞指之柔，才是真鋼。柔是真剛，是百煉之鋼，真入骨之柔。剛經鍛鍊才是鋼，一碰脆了也不是鋼，是生鐵，只能說是硬。剛是鍛鍊出來的。百煉千錘令人不可捉摸，才是剛柔相濟。

虛實：宇宙虛而容萬物，屋室虛而住人。都堆上石頭是實，而什麼用也沒有。無形是虛，有形是實。無形無害，有形為害。無形永久，有形不長。

進退反側：退時步步為營，含蓄待發。進時：一言其進，統全體而具無抽撤游移之形（岳武穆語）。反側就是斜

向一個意思，同樣作用，左右防備。

空氣游泳：是各方面都有阻力的意思。運用上怎麼增加阻力，怎麼減小阻力和游泳的技術原理一樣。減小阻力的辦法，全在肩胯的扭錯。人巧妙不巧妙，腰靈活與否，全在肩胯上，唯肩胯動腰才能動。

隨讓隨牽：你手按上隨著就牽走了，重心放在我身上，要摔一摔就出去了，隨讓之中有個截。

半讓半隨：是積極的力量，也是讓也是隨，半讓半隨力氣就要發作了。

推拉互用：一切都是推抗、拉攏互用，沒有絕對的力量。

旋繞撐擰：這個力量好，看著旋繞實際上是撐擰、往後拉、朝回縮（如×子似的），前後左右橫撐力量全是如此。

雙疊：身動力動精神動，手一動就破體。

迎隨緊隨：這個作用不大。發作時行，積極上引，迎著隨著要緊，鬆了就不行，不是這東西了。

單雙輕重：與控制平衡裡頭東西多，精神意思總應著，有形就完了，控制平衡是根本沒有平衡。要控制平衡，單雙重與控制平衡二個連帶關係：單雙鬆緊、虛實輕重都是單雙重的東西。控制平衡就是根據這個來的。

力量運用總名

渾元爭力	大力呼應	渾噩逆體	動靜互根	斜面三角
槓杆滑車	遒放統一	有無互用	順力逆行	勾銼刀叉
斜正同一	多面螺旋	面積虛實	不動轉移	神鬆意緊
形曲力直	剛柔相濟	無形神似	起頓吞吐	伸縮抑揚
進退反側	推拉互用	擰捲惰漲	撐抱悠揚	縱橫高低

開合分閉　單雙輕重　遠近短長　提按抗橫　撐擰旋繞
滾錯雙疊　翻擰裏揚　半讓半隨　隨讓隨牽　截讓截迎
控制平衡　空氣游泳　鄒頭拷釘　鑽捉搜索　蓄彈驚炸
沉托提縱　舉抗推旋　摟劈鑽刺　迎隨緊隨

歌　訣

直取旋繞力橫撐，眼底手腕都留痕，
矛盾錯綜來統一，精神槓杆要長伸。

拳學顧至精　運用在虛空　靈機自內變　力由靜處生
身動似猿捷　踏步若貓輕　勿忘勿助長　久久自登峰
身動揮浪舞　意力水面行　游龍與鶴戲　含笑似蛇驚
肌肉含動力　神存骨稜中　風雲吐華月　豪氣貫日虹
拳道極微細　勿以小道視　開闢首重武　學術始於此
當代多失傳　荒唐無邊際　拳道基服膺　無長不匯集
切志倡拳學　欲復故元始　銘心究理性　技擊乃次之
要知拳真髓　首由站樁起　意在懸空間　體認學試力
百骸撐均衡　曲折有面積　彷彿起雲端　呼吸靜長細
舒適更悠揚　形象若瘋痴　絕緣摒雜念　斂神聽微雨
滿身空靈意　不空黏毫羽　有形似流水　無形如大氣
神綿覺如醉　悠然水中宿　默對向天空　虛靈須定意
洪爐大冶身　陶鎔物不計　精機自內變　自然聽靜噓
守靜如處女　動似蜇龍迷　刀鬆意須緊　毛髮勢如戟
筋肉欲道放　支點力滾絲　螺旋力無形　遍體彈簧似
關節若機輪　揣摩意中力　筋肉似驚蛇　履步風捲席
縱橫起巨波　若鯨游旋勢　頂上力空靈　身如繩吊繫
兩目神凝斂　聽內耳外閉　小腹應長圓　胸間微含蓄
指端力透電　骨節鋒稜起　神活逾猿捷　足踏貓距似

平易生天趣
軀柔似童浴
拳道微末技
精神多暗示
鈎錯互用宜
虛靈自轉移
足腕如蹈泥
膽大心要細
不期自然至
包羅小天地
右軍鐘張字
善養吾浩氣

學者莫好奇
返嬰尋天籟
如或論應敵
動靜互為根
旋轉謹穩準
捲曲忽就伸
鷹膽虎視威
蓄意肯忍狠
習之若恆久
叱咤走風雲
班馬古文章
造詣何能爾

炸力無斷續
運力如海溢
升堂漸入室
樞紐不偏倚
緊鬆不滑滯
切審對方意
看敵似電急
渾身盡爭力
接觸揣時機
周旋意無意
老莊與佛釋
玄妙頗相似
精神須實際

一觸即爆發
神動如山飛
勿忘勿助長
首先力均整
路線踏重心
利鈍智或愚
蓄力如弓滿
鶻落似龍潛
劈纏躜裹橫
變化形無形
若從跡象比
大李王維畫
總之盡抽象

意 拳 正 軌

王薌齋

自 序

　　技擊一道，甚矣哉之難言也。詩言拳勇，禮言角力，皆技擊之起源；降至漢代，華陀氏作五禽之戲，亦技擊本質。良以當時習者甚少，以至湮沒無聞。臺至梁天監中，達摩東來，以講經授徒之餘，兼習鍛鍊筋骨之術，採禽獸性靈之特長，參以洗髓易筋之法，而創意拳，又曰心意拳。徒眾精是技擊甚多，少林之名亦因之而噪起。岳武穆王復集各家精華，編為五技連拳、散手、撩手諸法，稱為形意拳。逮及後世，國家宴安，重文輕武之風日盛，又精拳技者復多以好勇鬥狠賈禍，於是士大夫相率走避，致將此含有深奧學理之拳術，不能見重於歷世。相沿既久，無可更易。即後世之有道，懷瑾握瑜者，率多埋沒於鄉村閭裡間，不敢以技擊著稱。此固使後之學者深資悼惜者也。

　　清代晉之太原郡戴氏昆仲精於是技，而獨得詳傳於直隸深縣李洛能先生。先生授徒甚眾，復獲得李老先師之絕技者，厥為同縣之郭雲深先生。郭先生教人習形意也，首以站椿為入學初步，從學者多矣，以克承其教者殆不多遘。郭先生亦有非其人不能學，非其人不能傳之嘆。吾與郭先生同里，有戚誼為長幼行，愛吾聰敏而教之，且於易簣之時猶以絕藝示之，諄諄以重視相囑。晚近世風不古，學者多好奇

異，殊不知真法大道，只在日用平常之間，世人每因其近而忽之，「道不遠人，人之為道而遠人」之說益微。薌不願以此而求聞達，無如晚近世俗趨於卑下，不求實際，徒務虛名，於是牟利之徒，不自學問，抄襲腐敗之陳文，強作謀生之利器，滿紙荒唐，故入玄虛；忽而海市蜃樓，跡近想像，忽而高山遠水，各不相干，使學者手不釋卷（手無擇卷），如入五里霧中，難識半點真假。一般無知之士，猶以聖人之道，不可鑽仰。嗚呼！利人當途，大道何昌，午夜深思，曷勝浩嘆。薌雖賦性不敏，而於技擊一道，竊焉心喜，既獲得親炙真法大道之指導，每日承其教誨之語言多具有記載之價值者，連綴成冊，本利己利人之訓，不敢自私，以期同嗜者均沾斯益，非徒以此問世也。也為序。

樁法換勁

　　欲求技擊妙用，須以站樁換勁為根始，所謂使其弱者轉為強，拙者化為靈也。若禪學者，始於戒律而後精於定惠、證於心源、了悟虛空、窮於極處，然後方可學道。禪功如此，技擊猶然。蓋初學時樁法頗繁，如降龍樁、伏虎樁、子午樁、三才樁等。茲去繁就簡，採取各樁之長，合而為一，名曰渾元樁，利於生勁，便於實搏，精打顧、通氣學（血），學者鍛鍊旬日，自有效果，亦非筆墨所能表其神妙也。夫樁法之學，最忌身心用力，用力則氣滯，氣滯則意停，意停則神斷，神斷則受愚。尤忌揚頭折腰、肘腰過於曲直，總以似曲非曲、似直非直為宜，筋絡伸展為是。頭頂，尾閭脊骨宜直、氣宜下沉，心宜靜思，手足指尖稍微用力，牙齒似閉非閉，舌捲似頂非頂，渾身毛孔似鬆非鬆。如是則內力外發，弱點換為強勁，自不難得其要領也。

鍛鍊筋骨

力生於骨，而連於筋，筋長力大，骨重筋靈。筋伸骨要縮，骨靈則勁實。伸筋腕項（手足四腕與脖項）則渾身之筋絡皆開展。頭頂齒扣，足根含蓄（含有若彈簧之崩力）、六心相印（手心足心本心頂心也）、胸背宜圓（闊背筋大雄筋異常有力），則氣自然開展。兩肱橫撐要平，用兜抱開合伸縮勁，兩腿用提挾扒縮趟崩擰裹勁，肩撐胯墜，尾閭中正神貫頂，夾脊三關透丸宮，骨重如弓背，筋伸似弓弦，運動如弦滿，發手似放箭，用力如抽絲，兩手如撕綿，四脈挺勁力自實，沉氣扣齒骨自堅。像其形，龍蹲、虎坐、鷹目、猿神、貓行、馬奔、雞腿、蛇身，骨查其勁，挺腰沉氣，坐胯提膝，撐截裹墜，黏定化隨。

若能得此要素，如遇敵時自能隨機而動，變化無窮，任敵巨力雄偉漢，運動一指撥千斤。所謂身似平準，腰似車輪，氣如火藥拳如彈，靈機微動鳥難騰。更以心小膽大，面善心惡。靜似書生，動若龍虎。總以虛實無定，變化無蹤為準則，自能得其神妙之變幻。故郭雲深大先師常云：有形有意都是假，技到無心始見奇，蓋即此也。

用　　勁

拳術之妙，貴乎有勁。用勁之法，不外剛柔方圓。剛者直豎，柔者靈活。直豎長伸有攻守力，柔者縮短有驚彈力。剛勁形似方（如圖1）。柔勁外方而內圓（如圖2）。伸縮抑揚、長短互用、剛柔相濟。有左剛而右柔，有左柔而右剛，有稍節剛而中節柔，亦有時剛時柔虛實變化之妙、半剛運使

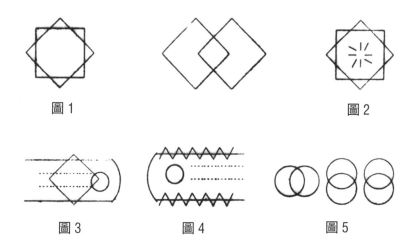

圖1　　　　　　　　　　　　　　　　　　　圖2

圖3　　　　　圖4　　　　　圖5

之精。更有柔退而剛進、剛退而柔進，遇虛則柔，而剛隨其後，臨實則剛，而柔在其先。無論千差萬異，總以中線重心不失，周身光線不斷為樞紐。橫撐開放，光線茫茫謂之方。提抱含蓄，中藏生氣謂之圓。所以筋力而骨生棱。凡出手時，用提頓撐抱兜墜鑽裏，順力逆行，以方作圓（如圖3）。落手時，用含蓄纏綿滔滔不斷，以圓作方（如圖4）。蓋圓勁能抽提，方勁能轉頓，開合若連環（如圖5）。若萬縷柔絲百折千回，令人不可捉摸，其玲瓏開朗、如駿駒躍潤、偏面矯嘶、神采麗麗、壯氣森森、精神內固。如臨大敵；雖劍戟如林、刀斧如山，亦若無人之境。身如強弓硬弩，手如弓滿即發之箭，出手恍同蛇吸食，打人猶如震地雷。夫用勁之道，不宜過剛，過剛易折，亦不宜過柔，過柔不進，須以豎勁而側入，橫勁吞吐而旋繞，此種用勁之法，非心領神悟，不易得也。若能操之純熟，則勁自圓、體自方、氣自恬，而神自能一。學者其勿惰。

　　求勁之法，慢優於快，緩勝於急，而尤以不用拙力為最妙。蓋運動之時，須使全體之關節任其自然，不稍有淤滯之

處。骨須靈活，筋須伸展，肉須舒放，血須川流，如井之泉脈然。如是方能有一身之法，一貫之力，而本力亦不外溢。若急急於拳套是舞，徒用暴力以求其迅速之美觀，如是則全體之氣孔閉塞，而於血系之流通亦大有阻礙。觀諸用急暴力者，無不努目皺眉，頓足有聲，先閉其氣，而後用其力，既畢，則又長吁一聲、嘆氣一口，殊不知已大傷其元氣也。

往往有數十年之純功，而終為門外漢者。目睹皆然，豈非用拙力之所致也？亦有用功百日在而奏奇效者，可知謬途誤人之甚。學者於此求力之法，當細斟之，自能有天籟之機，然亦非庸夫所能得之道也。

練　氣

夫子養性練氣以致治，軒轅練神化氣以樂道，達摩參禪，東來傳道，始傳洗髓易筋之法，而創意拳及龍虎樁，故為技擊開山之宗。自古名賢大儒聖人豪傑金剛佛體，未有不養性練氣及習技者。莊子云：技也，進乎道矣。然技雖小道，殊不知學理無窮。凡學此技者，非豐神瀟灑而無輕浮狂躁塵俗之氣，堪與聖賢名儒雅樂相稱者，不足學此技也。夫練氣之學以運使為效，以鼻息長呼短吸為功，以川流不息為主旨，以聽氣淨虛為極致。

前為食氣出入之道，後為腎氣升降之途，以後天補先天之術，即周天之轉輪。蓋周天之學，初作時，以鼻孔引入清氣，直入氣海，由氣海透過尾閭，旋於腰間——蓋兩腎之本位在於腰，實為先天之第一，猶為諸臟之根源，於是則腎水足矣，然後上升督脈而至丸宮，仍歸鼻間，以舌接引腎氣而下，則下腹充實，漸漸結丹入田。此即周天之要義，命名周天秘訣，學者勿輕視之。

養　氣

　　養氣練氣，雖出一氣之源，然性命動靜之學，有形無形之術各有不同。蓋養氣之學，不離乎性；練氣之學，不離乎命；神即是性，氣即是命，故養氣之術須由性題參入。夫性命之道，非言語筆墨所能述其詳也。況道本無言，能言者即非道，故孟子云：難言也。今以難言而強言之，惟道本無也。無者天地之源，萬物之根。人有生死，物有損壞，道乃永存。其大無外，其小無內，視之無形，聽之無聲，而能包羅天地、彌滿六合、塞充乾坤、混含宇宙，性命之學，亦即天地之陰陽也。然欲養氣修命，須使心意不動，心為君火，動為相火，君火不動，相火不生，相火不生，氣念自平，無念神自清，清而後心意定。故云：「一念動時皆是火，萬緣寂淨方生真，常使氣通關節敏，自然精滿谷神存。」若能有動之動，出於不動，有為之為，出於無為，無為則神歸，神歸則萬物寂，物寂則氣泯，氣泯則萬物無生，耳目心意俱忘，即諸妙之圓也。如對境忘境，不耽於六賊之魔、居塵超塵，不落於萬緣之化。誠能內觀其心、心無其心；外觀其形，形無其形；遠觀其物，物無其物；三昧俱悟，即見虛空、空無所空、所空欲無、無無亦無，大抵人神好清而心擾之，人心好靜而欲亂之，故言神者不離性，氣者不離命，若影隨形，不爽毫厘。

五行合一

　　五行者，生剋制化之母，亦即萬物發源之本也。如世俗之論五行者，則曰金生水，水生木，木生火，火生土，土生

金，謂之相生；金剋木，木剋土，土剋水，水剋火，火剋金，謂之相剋。此朽腐之論，難近拳理，而亦不知拳術為何物。又曰某拳生某拳，某拳克某拳，此論似亦有理，若以拳理研究之，當兩手相接對擊時，豈能有暇而及此也？若以目之所見，心再思之，然後出手制之，餘實不敢信。況敵之來勢，逐迭更變，安有以生克之說能致勝之理？此生剋之學欺人誤人，謬談之甚也。苟能不期然而然，莫知擊而手足已致，尚不敢說能制人。如以腦力所度，心意所思，出手論著，操技論套，是門外漢也，不足與談拳。

蓋拳術中之所謂五行者，換言之曰：金力、木力、水力、火力、土力是也。即渾身之筋骨，堅硬如鐵石，其性屬金，故曰金力。所謂皮肉如棉，筋骨如鋼之意也。四體百骸，無處不有若樹木之曲直形，其性屬木，故曰木力。身體之行動，如神龍游空，矯蛇游水，猶水之流，行跡無定，活潑隨轉，其性屬水，故曰水力。發手若炸彈之爆烈，忽動如火燒身，猛烈異常，其性屬火，故曰火力。周身圓滿，墩厚沉實，意若山岳之重，無處不生鋒芒，其性屬土，故曰土力。凡一舉一動皆有如是之五種力，此方謂五行合一也。總之，不動時周身乃一貫之力，動時大小關節無處不肯有上下前後左右百般之二爭力，如是方能得周身之渾元力也。

六　合

六合有內外之分，曰：心與意合、意與氣合、氣與力合，為內三合；手與足合、肘與膝合、肩與胯合，為外三合。又曰：筋與骨合、皮與肉合、肺與腎合，為內三合；頭與手合、手與身合、身與足合，為外三合。總之，神合、勁合、光線合，全身之法相合謂之舍。非形勢相對謂之合。甚

矣哉、六合之誤人也，學者慎之慎之。

歌　訣

歌訣者，拳術中之精粹也。若能參透其意，窮盡其理，自能得道矣。心愈專，意昧三，精愈堅，氣愈安，神愈鮮。（此學技五大要素）

渾噩一身貫，形具（體）切忌散（周身用力，無處不圓滿，取內圓外方之意始終不懈）。拳出如流星，變手似閃電（變化迅速、神捷果斷）。

舌捲齒更扣（舌為肉之梢，肉為氣之囊，敵捲氣降，注於氣海，又能接引腎氣結入丹田。齒為骨梢，扣則骨堅）。

頭頂如懸磬（馨）（頭為六陽之首，五關百骸莫不本此，頭頂若懸，三關九竅易通，自能白雲朝頂，一點靈光頂頭懸，此亦禪學之要素也）。

兩目神光耀（精光收縮而尖銳）。鼻息目凝斂，心目宜內視（以鼻作長呼短吸之功，耳目心作收視反聽之用）。腰轉如滑車，進足如鋼鑽（靈敏活潑、進躥奪位）。提趟裹扒縮、滾銼兜撐撑（動靜須有此力）。

手足指抓力，毛孔如生電（指為筋梢、扣則力自充。周身毛髮為血梢，血為氣之膽，毛孔不睜，毛髮不豎，則血不充，血不充則氣不振，氣不振則力不實，不實則失戰鬥力矣）。

交（變）手經法

人之本性，各有不同。有聰明者，有智慧者，有毅力恆心者，有沉著精敏者，更有奸滑陰毒者，其性不同，其作為

亦因之而異，如技術之擊法亦然，有具形而出，無形而落。敗勢而往，發聲而來。千變萬化，不能盡述。須以功力純篤，膽氣放縱，處處有法，舉動藏神，不期然而然，莫之至而至。身動快似馬，手動速如風（迅似風）。平時練習，三尺以外七尺以內，如臨大敵之象。交手時有人若無人之境。頸要豎起，腰要挺起，下腹要充實，兩肱撐起，兩腿夾起，自頭至足一氣相貫。膽怯心虛，不能取勝，不能察顏而觀色者，亦不能取勝。總之，敵不動，我沉靜，敵微動，我先發。所謂打顧之要亦其擊先者也，不動如書生，動之如龍虎。發動似迅雷，迅雷不及掩耳。

然所以能致勝者，皆在動靜之間；動靜已發而未發之間謂之真動靜也。手要靈，足要輕，進退旋轉若貓形。身要正，目斂精，手足齊到定要贏。手到步不到，打人不為妙。手到步亦到，打人如把（拔）草。上打咽喉下打陰，左右兩肋在中心，拳打丈外不為遠，近者只在一寸中（寸間變）。手出如巨炮響，足落似樹栽根。眼要毒，手要奸。步踏中門，躦入重心奪敵位，即是神手（仙）亦能防。用拳須透爪，用掌要有氣，上下意相連，出入以心為主宰，眼手足隨之。兩足重量，前四後六，同時顛倒互換。

夫有定位者步也，無定位者亦步也。如前足進後足隨，前後自有定位。以前步作後步，以後步作前步，更以前步作後之前步，以後步作前之後步，前後自無定位矣。左右反背如虎搜山，乘勢勇猛不可擋，斬拳（掌）迎門取中堂，搶上搶下勢如虎、鶻落龍潛下雞場，翻江倒海不須忙。丹鳳朝陽勢為（占）強，雲遮天地日月交（變），武藝相爭見短長。三星對照，四梢會齊，五行俱發，六合彌結，勇往前進，縱橫高低，進退反側。縱則放其力，勇往而不返（迫）；橫則裹其力，開合而莫擋；高則揚其身，而身若有增長之意；低

則縮其身，而身若有躦捉（鑽提）之形。當進則進摧其身，當退則退領其氣。至於反身顧後，亦不覺其後，後即前也。側顧左右亦不覺其為左右矣。進頭進手須進身，身手齊到法為真。內要提，外要隨，打要遠，氣要摧。拳似炮，龍折身，發中要絕有隨意用，解開其意妙如神。鷂子入林燕抄水，虎捉綿羊抖威風。取勝四梢均要齊，不勝必有懷疑心。聲東擊西、指南打北、上虛下實、靈機自揣摸（摩）。左拳出，右拳至，單手到雙手來。拳由心窩去，發向鼻尖前。鼻為中央之土，萬物產生之源，衝開中央全體皆靡。兩手結合迎面出，自然把定五道關。身如弓弩拳如彈，弦響鳥落風奇鮮。遇敵猶如身著火，打破硬進無遮攔。何為打，何為顧？顧即打，打即顧，發手即（便）是處。

計謀精變化，動轉用精神，心毒為上策，手是（狠），方勝人。何為閃，何為進？進即閃，閃即進，不必遠求，尚美觀，只在眼前一寸間。靜如處女，動若雷電。肩窩吐（叱）勁，氣貫掌心，意達指尖前，氣發自丹田。按實用力。吐（叱）氣開聲，遇敵來勢兩相交，風雲雷雨（電）一齊到。

龍　法

龍法有六，曰：滄海龍吟、雲龍五現、青龍探海、烏龍翻江、神龍游空、神龍縮骨。其為物也，能伸能縮、能剛能柔、能升能降、能隱能現、不動如山岳，動之如風雲，無窮如天地，充實如太倉，浩氣如四海，玄曜如三光。變來勢之機會，揣敵人之短長。靜以待動，動中處靜，以進為退，以退為進，直出而側入，斜進而豎擊。柔去而驚抖，剛來而纏繞。縮骨而出，放勁而落。縮即發也，放亦即縮。甲欲透骨

而入髓，發勁意在數尺間。

虎　法

　　虎法亦有六，曰：猛虎出林、怒虎驚嘯、猛虎搜山、餓虎剖（撲）食、猛（惡）虎搖頭、猛虎跳澗。揣其性靈，強而精壯，橫衝豎撞，兩爪排山、猛進猛退，長撲短用、如剖食、若搖頭，猶狸貓之捉鼠，頭頂爪抓，鼓蕩周身，起手如鋼銼，用斬抗橫兜順，落手似勾杆，用劈摟搬撒撐，沉托分擰、伸縮抑揚、頭要撞人、手要打人、身要催人、步要過人、足要踏人、神要逼人、氣要襲人。借法容易上法難，還是上法最為先。較技者不可思悟，思悟者寸步難行。寧教一思進，莫教一思退。有意莫帶形，帶形必不贏。猶生龍活虎，吟嘯叱咤，谷應山搖。其壯哉如龍虎之氣，臨敵毫不虛，安有不勝之理哉？總之，龍虎二法，操無定勢，勢猶虎奔三千，氣若龍飛萬里，勁斷意不斷，意斷神猶連。非口授心傳，莫能得也，聊述其大意，未克盡詳。

意拳正軌

　　意拳之正軌，不外古勢之老三拳與龍虎二氣。龍虎二氣為技，三拳為擊。三拳者，踐、鑽、裹也。踐拳外剛內柔有靜力（又曰挺力），曰虛中，以含蓄待發之用。鑽拳外柔內剛如棉裹鐵，有彈力，曰實中，乃被動反擊之用。裹拳剛柔相濟，有驚力，曰化中，乃自動之用。任敵千差萬異，一驚而即敗之。所謂樞得環中，以應無窮。

意拳新編

王薌齋

第一章　總　論

　　拳學述要，我國拳學興自戰國時代，後以達摩洗髓易筋兩法參之於華佗之五禽，始匯成斯技。雖今門派繁多。其淵源一也。不論如何分派，總不出以拳為名，夫拳者乃拳拳服膺之謂拳。動靜處中，能守能用，此即吾人氣質本能之道，非純工套數專論招法之所謂拳也。

　　拳學一道，不可認為奇難事也，須知非常功夫多得自平易，勿論行站坐臥以隨時隨地均能用功，首要端正其身體，使意念空洞，凝神靜氣。掃盡情緣，寂靜調息❶以溫養內外，滌除邪穢，筋骨氣血不練而自練，不養而自養，人之本能逐漸發達矣。

　　初作時不論姿勢之優劣或繁簡，只看全體大小關節能否上下前後左右相互為用，以及神經支配之大意和氣血之流行與調息所發之彈力如何。總之以達到得力舒暢為止。察其神情，身如凌雲寶樹，須假眾木之撐持，又如在氣浪中作游泳之動蕩，毛髮悠揚相依，大有長伸之意，氣血如巨海汪洋之水，有波浪橫流回旋不已之勢，精神如大冶洪爐無物不可淘熔，而心好似渡海之浮囊，不容一針鏤漏，此身心氣血修練之要旨也，若是在非滌妄念不失於自然，未易有得。然無論如何去作，最忌身心用力，用力則氣滯，氣滯則意停，意停則神斷，全身皆非矣。

他如試力之均整，肩架之配備，發力之自乘❷，三角之螺旋，種種之構造不一之力，又如渾元假借之一切法則，均不可忽，尤宜注意全身樞紐之鬆緊，面積之曲折和遇敵時相執接之利用，此皆非言語筆墨所能形容，願學者以恆心毅力均志研究探討，自不難入法海而博道真矣。

第二章　釋　拳

近世拳術分宗別派，作法各異，命名無不以拳，而對拳之意義，實少研究，論者多就拳之字義而為之解釋，或指握手拳或指練習勇力能徒手敵人者為拳，皆屬泛論，未得拳之真義者也。

拳者乃拳拳服膺之謂拳，動靜處中，能守能用，此皆盡吾人氣質本能之道，非純工套數專論招法之所謂拳也。動靜處中，能守能用，言即得拳理，靜守動用（靜即動）（動即靜）其用一也。拳之服膺，永保不失也。盡吾人氣質本能之道也，即言拳理之所在如純工套數招法，則辨岐途納學者於正軌也。

拳之為拳實不在於身體運動之形式如何，而在於筋骨氣力鬆緊之作用，精神之指揮以及心意之領導如何耳。習拳專重形式是本末錯認，攻其末而忘本，終無是處，非得其本者不能言其踐形致用之實學，故應機而發，因勢而變，動無有誤其神妙莫測者，當非所謂專習套數站法者所能得也。

【註釋】

❶寂靜調息，乃養氣之功夫，非作到孟子所謂「勿忘之境界」不能真有所得，爾雅云：勿念勿忘。

❷發力之自乘，是說明爭力之作用。

第三章　意　拳

第一節：意拳倡導之意義

人身內外一體，意動一致，拳功拳理，只有是非，而不能分以內外，所以我是反對內家外家之拳名，還反對講求不合實用之拳理招法套數，復為闡明拳理發揚拳學計，於 1926 年倡導意拳，拳以意名乃示拳理之所在，其練習方法重在站樁，以求實用不講求形式演變之拳數，無論動靜，皆以意領導，使意、氣、力合一，以盡拳功爭力之妙用。故正拳名曰意拳，意在泯宗派內外之紛爭，以存拳學之真義也。

第二節：意拳樁法

拳學樁法陰陽動靜虛實開合，胸腹呼吸與鼓蕩皆不得分開而論，都是互為根用，不在外感之交乘，而在一意之應付，此謂之意拳也。

第三節：意動之解釋

意存乎吾人之自身，為心之動，其作用厥自我，確實存在，不得疑之，習拳應先明此意，然後，動靜始能合於理而有益於身，西諺云：身體之發達，可促心之發達。身體之損害，多為心之損害，當求之於身心動用之合一。身心之動用為健全之動用，應用有用之動用也，如何使身心合一，須知心之動用為合意，身體之動用即身心合一之動用，自是發達身體而有益無損之動用，此乃順自然之需要，應機合理之動用也。

意為心之動，而欲達此意司命全身在有腦，腦為身心之

關鍵，故知腦之於身如軍中之主帥，所以習拳先講頭直，意之發動屬之於自由於萬全，不附帶強迫之感情者也，吾人之動作順乎自然，合乎需要，方為合意之動用，為自由之決定，乃本能之作用。此種決定和作用從屬於各人，能感得而身受之者，亦惟其個人，不待言也。

人身動用可分兩種，合意之動用為有益之運動，不合意之動用為無益之運動，不合意之運動，心理學者謂之衡動運動，乃發於欲望之運動，非正視之運動，係因受到衡動，由此衡動一變，而為欲望，一變而為執意，由執意而引起之實際運動也。故謂衡動運動反乎自然之運動，非出於自主（自由之決意）之運動，是為妄動。

此種運動，動必吃力，吃力則血旺，血旺則血流失其自然，而神經為之傷害，故運動結果必由此發生一種反射之衡動，神經梢端受到衡動，發生抵抗，當時生出反射運動，此種反射力量，最為強烈，神經中樞感到刺激，而受損傷，此種運動，不但無益反而有害，所以習拳切忌妄動和吃力，即不許有衝動運動也。

第四節：合意運動

合意之運動；心理學家，謂之本能運動，是由意（運動神經覺察能力）來考察全身之需要，順意之支配，而為運動。係出於自主，而順於自然。所以本能運動是身心一致，合於需要之運動，有益無損之運動也。

本能運動分有意與自動運動，有意運動，是基於心意支配之運動，作到妙處則成為自動運動，不感覺受意之支配，而其運動無有不合意者，習拳原為發達本能運動之工作，非臻於自動運動之境不能得力得氣得神，而入化境。

第四章　習拳六要

第一節：要知拳益

「不學拳是不要性命的呆子。」所以說拳功對人身關係之極切要，能健身體養性命，人人應知此理，應習此拳，普勸吾人練習之理由，一語道盡。若使吾知習拳之樂，習拳之益，致力於練習功夫，定有欲罷不能之概。涉入歧途吃力努氣傷及身體是學習錯誤，非拳不可習也。

拳功如作到妙境，真得竅要時，在他人看來反認為精熟，不好看者有之。故要知習拳為己，非為他人也，此防身養身貼骨之事也，更須平時一心存之於拳，蓄養血氣，無論何時何地何事俱無不拳，拳皆在操練，有時限之功夫，不如無時限之功夫，純正確切。所以有固定時間，而非廣場不能練習者未必是也。

第二節：要明拳理

拳有拳之理、拳之法、拳之意，得其法理意，方得謂之能拳，故有拳法，而無拳理者非也，有拳理而無拳意者亦非也。

拳之動其法不一而有原理，動靜變化，機神無方，出之自然，臻於神妙，蓋由於一意之支配，得理盡法而成其用，所以習拳，理字最為緊要，理字須從規矩中得來，能於規矩中得理參透，方能有成，妙悟在己，學須自成，習拳者得其理，然後方可與言氣力，有氣有力，而不合於理，非有用之氣力，知其理而不能用於氣、用於力，亦非真理，理與氣合，氣與力謀，動靜合於理，則氣力為之用，而氣力之神妙

自見，然神其用者，還權之於意，故習拳之力，對其法理意，均須徹底認識，方有所遵循也。

第三節：要重樁法粗跡

世人多以拳為技不值一習，豈根本之論哉，拳為吾人動之始基，其理簡而明，其跡粗而顯，其玄妙在幾微，故論拳理，言之深者，根於幾微，言之淺者，本其粗跡。夫粗跡者，極簡極易之運動方法也。得此粗跡，即能變化無窮。但非今之拳套招法也。拳之粗跡為何，乃樁法是也，豈可因其平易而忽之耶。觀乎拳之功用之神者，無不由此一站生出也。

習拳須先求下手及著實功夫之門，習拳下手處，站樁是也，久站乃為著實功夫之門也。捨此恐無真實下手處。故學者應以此教必以此習認是在此，志向亦在此，終日乾乾奧蘊自得，教習之道，不過如此，微乎微乎。

第四節：要作體認功夫

習拳須知：「心傳意領」四字，是得力關頭，此四字係於體認二字中求之，體認是一種實行功夫，運用意之支配發揮自身之智能體能之作用，將腦所接受者，使身體實行出來，以身驗知並以求所不知者是也。要知心傳口授，非真學真知，須得自己實行，方是實學實知。故習拳重體認工夫，乃易空想為實相之實功夫也。且精神氣力之運化，非由體認不是自如自發自成也。

體認功夫，有內省、外觀、實驗三要點，缺一不可，內省者直察自己之意象如何也；外觀者內省自己，外觀他人，以他人之表現，參證其內容，作內省之助；實驗係合內省外觀之所得，行之己身，而得有實效之事也。

習拳有得於師者，有得於己者，得於師者為規矩，得於己者乃循規程，經體認，實得於身之妙用也。拳學不得於身，則規程無益於己。

論及體認，原有力氣神三步功夫，力氣神皆體認功夫，分言之，則習拳功夫深淺之界限，合言之，心氣齊萬力併足，力氣神原有不可分離之性，三者實統基於一氣，氣調則神經之訓練，血氣之調理，筋骨之鍛鍊，均得體認之實功，做曰三步功夫也。樁法所示要點，皆為養此氣而培人生之基也。

第五節：要去三病

習拳有三病，一曰努氣，二曰吃力（即用拙力），三曰挺胸提腹，染得三病則動靜不合於理，拳功定難得力得氣，而神之於理慎之。習拳吃力是一大病，近之授拳者專以快用力，教導初學者誤矣；教以快用力，是欲手足用力也。要知四肢用力心身真勁力必淤結，久之為害甚大。於今學拳者應明此害，避之遠之，庶幾進而免入歧途也。

今之習拳者，多急於拳套，用暴力以求迅速和美觀，全身氣孔為之閉塞，而於自身血之流通，實大有阻礙。所有拳家凡用暴力者，無不努目皺眉，頓足有聲，先用其氣而後用其力，至練畢則長吁短嘆，急喘不止，傷及元氣，所以往往有數十年功夫，終為門外漢者，豈非用此拙力之所致哉。

第六節：要作實功

習拳忌好高求速，恐不達也。某員請示發力答曰，汝已能得巧中味道，當能自信，對發力要領，恐尚未能領略，因發力種類甚伙，無應用經驗，敢斷言不易知也，望加意用功，屆時必將詳告，現在即告亦不能懂，即懂亦不能行，慮

有務高反低之病也。

又功夫宜經久，朝夕操練，無時或已，得有日新成績，方是進步消息，語云：非有百折不回之真心，即能有萬變無窮之妙用。用功覺得全身氣血川流（身體有物）養神斂性，全體無滯，是初步功夫，若聽全體嘶嘶有聲，無論行坐一觸即能跌入丈外，是中乘功夫，身外生氣，光芒四射，如用目視人，其人知失知覺，然後漸入神化之境矣。

第五章　習拳階段

第一節：基礎功夫

人之力生於氣血，自然發動，由內達外，故通暢養血，鍛鍊筋骨，為習拳基礎，其法為站樁，站時須肩架安排妥當，再以靜止狀態去整飾神經，調息呼吸，溫養氣血鍛鍊筋骨之各項體認功夫，而使內外合一，以達拙者化靈，弱者轉強之目的。

第二節：試　力

前項基礎功夫，作到妙處，應繼習氣力之運用，試力是其初步，試力為得力之由，力由試而得知，其所自發，更由知而得其所以用，故試力為習拳最大關鍵。

第三節：實用功夫

拳功作全身舒暢，而得力運用變化，始能隨機發動。至於快慢虛實與精神時機之運用，開始鬆緊動靜之互根，以及力量和假借之分析等，尚須實地研究，故習拳功夫，未可稍鬆懈也。又習拳各段功夫，練習樁法時，形雖不動，而渾身

之筋肉氣血與神經以及各種細胞，無不同時工作，若輪盤之旋轉，快到極點，正是不動之動，所謂生生不已之動也；此學拳當注意之要點，一念之差，捨此正軌則終身難入門牆矣；應敵時勢如猿兔為龍蛇，而身心意力，都要含蓄，暗中分析對手，意須全身道斂，隨敵而動，以待發動之機，雖動用極速，亦有高低左右縱橫之轉移。而身心氣血之悠揚飄蕩，實功就不動也。

以上為基礎，實作兩部功夫與動靜區別原則，其中間一段試力方法則太繁矣。

非簡述一二試力既不許有絕對力，首要體認全身之氣力圓滿否，光線峰棱與毛髮接觸否，氣力能否隨時隨地發出心身之神，與氣、能否和空氣發生應合作用，抬手動足全身各處都如有敵欲相比較，外形尚無動作而精神早已與之周旋。非如是其力不能試得也，學者於此豈可忽哉。

第六章　樁法前論

第一節：樁法爲操練全身之功夫

吾人一身，雖分身、手、足、頸、五官五體，內外原是整個一體，既不得分開講論，更不得分別操練，拳理是非之分在此，而習拳能否入道亦在此。

意拳樁法是統一意志，統一動作，統一力氣神之基礎功夫也，乃統一全身發達增強氣力神之法也。拳為全身動作，五官百骸十指四肢以及毛髮各有輕重慢急之司，要之少一件，既非完人，有一不動不足有萬全之動。全身一致受命者，意之所使，心之所繫，氣之所運，神明之所感，自然之應也。

所以練習時，自習身、習心、習手、習足，須全身同時一致練習，不可分開，又不可偏重，盡其本能，統於一命，若各不受命，自為動作，是自為肢解，拳無能曰矣。

第二節：應知周身之位置

習拳應先知自身之位置，吾人一立，戴天覆地，而於上下左右前後中，其所處之境，則天地四表而自居空氣之中，此人人所曉，不待言也，習拳者，須首先求得自身之位置，其法為從本身以外四面八方，向自身看來，乃得中心，立基乃圓、得中、用中、妙用無窮。

第三節：須明動靜曲直

習拳應知人能生在於能動，其動源之於靜，靜直動曲，一曲一直（形曲而力直）拳理盡之於是，故習拳靜以理其氣，動以致其用。藉此氣活吾血，強吾力，運動全身，事其所事，而其動靜，互因互生，習拳者乃習此動靜也。

習此動靜，須慎之於始，其始則由直而曲，由靜而動。形曲力直，動而還靜之時也，靜中有動，動中有靜，求得之法則站樁耳。

第四節：習拳基礎功夫為樁法

習拳站樁用意體查全身動靜，功夫一到當知，此一站，大有無妙不臻，無法不備之滋味，欲盡拳功之妙用，應先致力於站樁之法，凡百運動皆基於此，此論實不我欺，故古人躬實踐，乃尋此滋味唯一之法門，學者宜致力焉。

拳以站樁為基，以行動為用，基不固則無根，故習拳不可不站樁，反是，即為自誤，一身功夫須以根本作來，方屬真實耳。

第七章　渾元樁（一）

　　渾元樁一為整飭立容（一名立式），立為拳功之基本間架，立時垂手直立，兩足根併齊，兩足尖外分，角度約六十度，要安安穩穩，氣靜神怡，應戴天覆地與天地合而為一之意，站時應注意以下各點，「頭」居人體最高處，為一身之主宰，不宜傾斜，須用力上頂，收頷挺頸而欲直，似頂非頂，似被繩提，要領率全身之意。「足」兩足放平，大指外蹬，小指內扒，腳心涵虛，腳根微起，兩膝微曲而上縮，使筋絡舒展，不可吃力，足一吃力，立便不穩，要知吃力於足，心頂於頭，身體不舒，氣力被阻，全身關節即不能靈活，又焉能求其站之穩定，故曰修容足重者，非吃力於足之謂也。「閭骨」為脊神經之殼，居人體之中部為支配上下肢體之中樞。閭骨要正直，平肩正臂，收頷挺頸，心窩微收，使胸寬而腹圓鬆，自無折腰，努胸，擠背之病。「手」兩手下垂，指欲插入地內，但須向上微提，使肘稍曲，舒筋絡，並有外撐裡裹之意，平肩正臂，腋下筋鬆，虛靈守默如能容球。「齒」齒輪上下銜接，不宜用力扣合，咬牙瞪眼乃最大毛病。「舌」舌尖微捲，接觸上頜，似頂非頂，要領悟其有接引之意。「鼻」為氣官，呼吸要勻而無聲，氣不可提，尤不可沉，勻靜自然為其要訣，氣能至肅調息，方恰得其妙，切忌用口呼吸，犯之則氣失其道，鼻失其職，易致疾病，不可不慎。

　　「目」兩目平直，能不為物引（不他顧、不轉睛流視左右）心意自然不亂。

　　「耳」耳聽八方，要用神凝。

第八章　渾元樁（二）

　　起以立勢，立勢站穩，使足向左右展開（橫步），曲膝蹲身，成騎馬式，兩手高提，使骨肉筋絡平行舒展，氣血川流，此站樁功力，在於通氣增力，以及溫養筋肉，訓練神經，使各細胞無不工作，站時應注意下列各點。

　　「步」橫步展開時，兩足尖向前平行站齊，不可前後參差，其距離按各人之足長短計算，以兩足尖相離約一尺七八寸為宜，開胯曲膝靜站，坐時使步，步大不靈為步法要訣，開步時前足進，後足隨，兩足最大距離約一尺二三寸。言及動作回旋，則不過七八寸耳。若兩足站於一直線上，不易穩固，須左右稍為展開，其寬度應以兩肩寬度為準。

　　「手」出手時兩手向左右伸張，均不過鼻，以保中線，高不過眉，下不過臍，出伸不過足尖，回搬不許靠腹，此乃最重要而不可違犯之規律也。又不許有平面處，無處不曲，曲處無不相乘。體認八面出鋒一語，便得其奧妙。變掌為拳，五指相次如擰麻花，各指力一如嬰兒之持物，要有緊捻密持之意，（此握法擊時易於發力），切忌死握，能不吃力於手，兩臂圓活而氣力暢達，手足相應矣。兩肘曲如抱鼓，無論如何，變換手式，兩肘要永久保持橫撐力，勿使兩肘忽而接近，忽而離遠，失去其活動之空間（所應站之面積）與人以進退之機會。

　　「肩」步法改變，而兩臂能否得力，全繫於兩肩，其要訣為鬆肩，肩鬆則下垂，左右腋肋支撐其空間，如能容球，兩臂得此空間。活動方能自如。再使心窩微收，胸虛背圓，肩得其平，渾氣力直，貫於掌矣。

　　「筋骨」力生於骨，而達於筋，筋長力大，骨重筋靈，

筋伸則骨節縮，筋骨則力實，伸筋腕挺，（手足四腕與脖頸）則渾身之筋絡開展，兩肱橫撐至平有挽抱開合伸縮之力，兩腿有提夾扒縮趟崩擰裹之力，肩撐胯墜，尾閭中正，均不可忽。骨垂如弓背，筋伸似弓弦，運動如弓滿，發手似放箭，用力如抽絲，兩手如撕綿。

站此樁時全身上下前後左右八方，並頭與足，頭與手，手與胯，肩與膝，肘與胯等處處相應，如有交互反向之繩索牽線，或人互為推移，不為所動之意。實際並無繩索或人之牽線推移，不過存意如是，若真作出好似有被牽拽及推移之狀，則又誤矣。是被慾望之支配，其動作不覺而已吃力，失於自然。站時從此體認，全身易於完整。久之當能作到八面之意。氣力乃得中之意氣力也。人身動用既有其運動之空間，而其運動頭足身手各處所占之面積。因頭足身手各處作用之不同，而亦各不相同。至其爭力作用與各處因應之關係，復因之而各異、欲明乎此於渾元，三樁中求之，自能得其奧妙，凡百運動皆由此基生出，豈可忽哉。

第九章　渾元樁（三）

學習以上二樁後，繼習此樁，仍起以立式，站穩，在行開步，左右兩足，前後展開（是為進退步）曲膝蹲身，兩手環抱，橫撐擰裹向前伸開，使筋肉束裹，骨骼無節不曲，與之鈍形三角（即 90°以上之角，不可有銳角）全身無有平面部分，更無絕對力。曲折玲瓏，渾元一體，兼有以上二樁之功用，遇機施巧，應變無窮，便於實搏，精於打顧。站時應注意渾元樁一二，腰臍兩節所示要點及下列各點。

舒神清：周身鬆快，妙不可言。李恕谷有云「滌蕩邪穢，動蕩血脈，流通精神，養其中和之德，而救其氣質之

偏」。夫站樁之功用，盡乎是矣。

　　初站樁時，氣血流行未能通暢，遇有阻礙時，發生震動現象，要知此種震動，並非錯誤，亦非病態。用功日久，若仍有此現象，氣血流行不能平靜，恐無良好成效。若遇震動時可以神經起變化分解之，經此分解，如仍抖動，可再以姿勢起變化。神經姿勢同時起變化，亦無不可，務必使其平靜，至要至要。

　　習拳動靜殊操，宣寂異趣之現象，最難免去，此皆站樁功夫未到，心神混淆所使然，平時練功應將心情放下，不使浮動，氣肅則膽壯，心靜則神清，守之不失，自然動無不合，倘習拳不以此作去，為之旁求，要妄費心力，定難尋得處一化齊之妙。

　　初習站樁，必覺渾身酸軟，反如無力之人及氣血漸漸通暢，真力（即筋骨氣血受心意之支配，自然發生之力）發生，則不分動靜，氣力周身一貫，而力之強大則當不可思議，功到自知，學者應求諸己者也。

　　習拳平時用功，常使神氣聚而不離，如站樁之時，用神不外馳，意不外想，精不妄動，氣不輕浮，神不亂游，無站樁之形，而收其實效，則有不可思議之妙。

　　細思站樁之益，學者何以不覺，則其心意注於手，而不注於腰，不注於周身之故，斯言頗堪玩味領會。習拳時心動身不動則枉然，身動心不動亦枉然，身心一致加功除站樁外，無二法門。心動係心意之動用，身動係筋骨關節之動用，氣血應合所生泏諸身之動用也。故習拳應從站樁下功夫。不然是以有用之精神付無用之地也。

　　站樁功夫是使吾人生機內動，純任自然，毫無殘害生理之虞，故真善拳者，其人必氣力充，精神足，皮膚潤柔，筋骨強健，絕非皮糙肉厚結如鐵石者。

練習樁法，乃習拳攻本之學，有一勢可變千百勢，有千百勢歸於一勢之基也。須著實勤學（知其理習其事）踐跡是要，豈獨拳學哉。

第十章　樁法後論

習拳站樁，時間越久越妙，站時身體所生現象，依功夫深淺而有所不同。初學站樁，初站不過數分鐘，汗即涔涔而下，再站過數分鐘，則覺腹中蠕動，甚至牽及全身，及習練已久，自覺渾身斯斯作響，氣血之動盪有如源泉之滾滾，初站氣血尚未通暢，兩腿感有酸楚疲倦時，可以稍憩再站，以免因勞強行，而致吃力。拳功本在日積月累，以行之不間為要（站的時間要逐漸增加），站樁畢、氣力身心要穩，再舉兩手。

「膝」開胯曲膝。騎馬檔欲其低，不欲其高，向下坐，胯往回抽臂前裹而胯外張，（橫撐要平）兩膝扣合，有外撐之意，膝蓋骨處力之生發動用最堪體認，由膝骨至腳面，有由腳面至膝上撐之力，又欲直立卻被繩索將腳面與膝相連不得撐開之意。

而膝蓋骨以上部分，復有向上急提之力，同時更具有下坐之力，膝內曲，大小腿筋絡有相聚之力，同時又具有相反之支撐力，此等力易生之自然相等相乘，名曰爭力，習拳功夫一到，力動情形自然領悟而知。其難於講述也。

腰為人身上下四肢運動之樞紐，全身中線之所在，乃重心之所繫，最忌腰背變曲。頭直肩鬆胯坐（臀勿前掀）則腰直而上下靈通一氣。

「手」兩手高舉，意在使筋肉伸展，而順左右肩之方向，向左右伸長，兩手要向前微抱，肘曲腕按五指離開向上

伸張。此手勢乃站樁基本姿勢，兩個姿勢不論如何筋肉與骨骸均系平行舒展，無撐裹力者，皆屬於此樁。

「按式」提兩手於臍前，大指朝臍，掌心向地，指尖相對，兩臂環垂。

「托式」兩手高提與心窩處相平，掌心朝天，指尖相對，兩臂環垂。

以上兩式，托式小指，按式大指，離身四寸，兩手指尖距離三寸，不可靠近。

「推式」兩手高舉，向前平伸後再使兩手指尖相對，掌心向外，肘腕平行，形曲如弓。

「抱式」兩手平伸，使掌心向內，指尖相對，腕肘平行，形如抱鼓。

「提式」兩手下垂，使肘微曲，並微拳各指如提物狀。

「舉式」兩手高舉過頭，使肘微曲（不可緊靠頭部）指尖相對，掌心朝天。手出五指不可緊靠，應行離開，求其活而得力也。各指蜷曲，如爪如鈎，虎口撐圓，而指尖微斂，掌心內吸，有持物欲墜之意。掌心吐力，手指向外擴張，又如柔絲束縛，有不得伸展之意。而此種神情（亦是爭力妙用）同時並具，出之自然，方得其妙。

第十一章　養　氣

習拳者多言氣功，言論分歧，莫衷一是，應以意、氣、力三字用，或氣力並稱。極重氣字，而所授養氣之理在於不為害，其法至簡至易，本乎自然。以鼻呼吸，要細勻而無聲，而以勻靜自然為要訣，今言氣者須知此氣乃指呼吸炭養二氣而言，並須先講明，人身動作與呼吸運用之原理，習拳養氣，調息呼吸，乃運用呼吸所生之彈力，以盡拳之妙用，

非如世人練成大肚子，即是氣功名手之謂也。

氣充力強，為習拳之結果，氣之順逆虛實，關係人之壯老勇怯，而身體四肢筋骨之運使變化，因之賴之。所以無氣無以養其用，氣之於人為無量供應，此人生原動力之所由生也，欲力之強大，須從養氣入手，自不待言也。

養氣功夫，亦可謂之理氣功夫，氣係呼吸炭養二氣而言，前已言之，用呼吸方法，使身體內外之氣川流不息，此種功能，能使全身血脈之催動，由此可知，氣在體中，或在體外變化；神乎至於無形，微乎至於無聲，引自體外，充於體內。操拳；動也靈妙，莫可推測，靜也嚴肅，莫可撼移，無不基於此氣，非養之有素，何能臻此，養氣之道，豈可忽哉。

講養氣者多矣；或胸內努力，以鼓蕩兩肺，或沉氣腹內，以求充實。而氣結不通者，皆不明養氣之理也。養氣之理在於呼吸自然，既不許用力來鼓蕩，亦不許故用我意之支配，不急不迫，徐徐為之，順其自然。能於不覺呼吸而為呼吸，全身血脈動蕩，方能與呼吸相合，方得氣肅之真實功夫，而後得古人所說，浩然之氣而明至大至剛之奧蘊矣。

世人夫常以坐功為禪學之秘。自認已得且極是，其實不過口云自然，其不知盤腿一坐便不自然矣。即練之無害，亦必無所得。只知一時之精經清呼吸靜而已，不能明此非整體功夫也。氣貫全身為養氣要訣，氣非通暢關節不能敏活也。蓋因呼吸使血液之鼓蕩而渾身各種細胞（毛髮氣孔）均同時為鼓動、而生吸引之動作。

此種呼吸動作乃拳之基本功矣，從此基點發生之操作，乃合理自為之動，動能自如，然後方得天然，生生不已之氣，而知其真滋味矣。全身毛髮，同司呼吸與鼻呼吸互為應合，毛孔呼吸對於人身之功能，大於鼻吸，而人不自覺，故

言氣功者，多論鼻息，而鮮及於毛孔。要知調息，以勻靜自然為要訣。是呼吸免去急迫短促，使肺活量增加，與毛孔呼吸互應。故曰鼻息調而毛孔呼吸細勻。（一致）若但知鼻息而不知毛孔，呼吸者對於氣力適用恐難入妙境，以其不明瞭身內外氣之運養而裕之也。

肺活量增大，在於垂肩虛胸，（心窩微收）努胸擠背者誤也，一試自知。拳要虛中取氣，氣為虛中之實。動時要於身外，留有餘不盡之力與氣，而渾身毛髮直豎如戟（氣達梢端方謂之氣足）不見力處正是有力，不覺呼吸時正在呼吸。應於此處，去下功夫。

用神用意勿用力，能養氣調息，川流不止，使神意與氣合，使得此道之真主宰，和其奧妙機運矣。而前言養氣不許故用我意之支配，而用神用意一語，又重在用意。豈非矛盾耶。實則未也，不許故用我意支配者，乃不許故意使氣如何動用，以防滯其氣而失於自然也。所謂用意，是以意念體查使氣歸自然，全身周到而保其勻靜也。語雖不同，而其用意則一。前者用則助，助則暴而亂真氣，後能用則勿忘，得於自然而氣肅，不可不知也。

養氣專在調息，反不知求之身外。使氣不去調而自調，其法以目注視遠方，假定一標點，神合意合光綜合。我動時使標點隨之俱動。標點放大，其光如輪，縮小則尤不可破，起始作時，須令標點離身在十丈左右，與目光相平成一直線，練習日久，可使此標點，由遠縮近或由近推遠，或上或下，由此去作，氣不練而自練，不養而自養矣。

氣貫丹田，氣沉小腹，為近來拳家所樂道，要知提氣固非，沉氣亦屬非是，求沉其氣則氣不能自然。實不如聽其自然，不加注意為妙，所以拳家講運，使以練其氣者不足尚也。先哲有云：氣不養何以充體，充體者氣遍全身也。非如

拳家只言丹田也。既得養之之道，功夫一到自然能充實全身。無不貫到，惟腹部因發力運用上之不同，而有鬆圓、實圓之別。

鬆圓：氣極靜之時也，其氣至平，貫然全身，渾然一致，此乃常態也。

實圓：氣由靜而動之時也，胸寬腹實為發力時瞬間之現象也，頭頂足蹬，手張，腰坐，氣注於腹，用以足力，此乃變態也。

第十二章　論　意

所謂拳義，是說明精神氣質之運使，至為詳盡。運用肢體，使筋骨伸縮，氣血川流，以強健身體，則屬之於氣質方面，至筋骨因何運動，則屬之於精神方面。身體之動用，原由於一意之支配。意為之所計慮，乃精神現象之總稱，意之所向，神即前往，全身因之運動而行發力，順乎自然出露體外，由此可知吾人之運動原之於忌，而忌之於身有全體統一之性。知悉之、覺察之、應付之、虛實動靜互為根用，均一意之所為，欲達此妙用，須要領會，爭力之發生和一意之支配二語。意氣力運用於自身以外，尚須有運用之空間，意氣力之守中處一，捨此空間不能成其妙用。所以習拳有此身外空間為運使；方能盡其運化之妙。練拳如在空氣中游泳，意在身外守中，身體自然勻整。又言習拳存意，使意離開自己，不合道理，只看己身更有不妥。

習拳須聚積精神合氣質，養練合一，方成其為拳。欲達此境，須求之於存意，欲言存意，須先知學者習拳之通病，在欲求速效，求速效，乃是貪念，此念一生，身心定然吃力，能阻氣血之運行，使真力不能外發，過於助長，欲速不

達，故制止身心用力是第一要素。制止之法，惟有存意，存意檢身，稍覺吃力，便要挽回，一動便覺，一覺便轉，久之歸於自然，全身舒適如無力之人。其氣力方能暢達周身，應運外發。無往不利。此即用力不可，反為所害之謂也。學者宜熟思之。「意存動之先」為習拳要訣，覺古人千言萬語，盡於此矣。

要知力隨動生，基於爭力，而以取勢為主，係由靜而動，由動由靜，動靜所生之勢也。運力得勢則隨意動作，無不得力，此則存意，勿吃力之實功，所謂得意應手，意到便成者是也。勢欲左行者，意先顧於右，勢欲右行者，意先顧於左，或上者勢欲下垂，或下者勢欲上聳，俱不可從本位經情一往。「古拳譜云」用力如青蠶吐絲，又曰起式如挑擔，進步如槐蟲，虛中取實、以勢為之，變化得一，先以順拖，繼以逆送，即詳示勢字之運用也，順托逆送，互根互用，同時並俱。

習拳須知來勢去勢，來字去字頗堪玩味，存意在此來去二字，則得之矣。若先知如何用力，而後如何用力，此樣講求則非矣。（意存動之先，其動已止，而意仍在，乃指示初學雲語，亦求知求得求存之途徑也。）

「操拳能作到不用心處方好」「寫意」兩字最為微妙。意非從外面來至身內。而由身內達於外面，「身外須有意，此意還存於身」。學者宜善領悟也。

習拳宜知拳理、拳意、拳形、將意存於周身之外，使意在身外領取身上法度，神理自然得之。專習拳之外形，而不知拳理拳意者，勞心亂意，不但終無獲意，恐身心反為之傷。

「神意足，不求形骸似，意足者神足，動則合意而得力，不求合而自合也。」習拳要時時刻刻常想著：「為什麼

有此一動，此一動作的目的是什麼。」二語，去體認，去努力，無有不成者矣。

習拳講求存意，須知得意者為其前一步功夫，不能得，何以言存？何謂之得意？須先知何謂之意，意字之解前已言之，勿庸再贅。知字功夫要在動靜變化中求之。無論如何，一動便要先問為什麼有此一動，又要問此一動是否合乎需要，大小關節，曲折面積，及點力，有何作用。更要問此動洽於時機否？尤要檢查動後全身各處是否完整舒適，如不動之時呢？

習拳如此用功，無不得意者矣。存意作到無有不至，身之動靜完整舒適非意之存在者弗能。以意檢身，以身知意，意自能存，意存不出於意求，則拳功臻於幾微。故曰腦中想存意者，不能存念者也。因此一想，便將此一點意用錯，所以習拳者，能自知意，作到得意，由得意作到存意，再臻於不知存意而意存，方能達到知意得意存意之境界。有形有意都是假，真到無心始見奇，即此之謂也。

先哲論拳，嘗言守神專一，此說明得到存意真境界後之情形和作用也。功夫不到如此境界，何能言及自然，身動與意相忘，方得勿忘，而免助長之害矣。

講到存意，學者最易誤聽，認定存意乃是一種慾望作用，須知助長之病，多生於慾望，應以放心，講求勿忘，以免助長，爾雅云，勿念勿忘，用來解釋勿之真義。如此看來，慾望必須根除，拳功方臻神化，此理當不謬也。若論養氣，氣調則忘念平，能無念而神自清，神清方能心意定，心意定動則神歸氣足，而如不動之時。如斯方謂之能動，故心不外馳，意不外想，神不外游，情不妄動。乃從存意養氣中入手方能作到得來之功夫也。

第十三章　試　力

　　站樁基礎，作到妙處，應習氣力運用，其初步為試力，試力為得力之由，力由試而得知其所自發，更由知而得其所以用，故試力為習拳最大之關鍵。

　　初試須使渾身力勻整，關節靈活，骨骼支撐，筋骨收斂而舒放；然後所有力氣自然應運外發、動時；慢優於快，緩勝於急，更須意不使斷，靈不使放，動一處牽全身，所謂無動不動、動猶不動也，習拳若能達此地步，全身力一，自然動靜守中、試力功夫方得其奧妙矣。

　　前言氣力勻整，關節靈活，骨骼支撐、筋肉收斂而舒放，冠以渾身二字係說明四種作用，同時並具於一身互為關係，是整個作用不得分開，作拳時從此體認，自能得到動靜基於一意之支配，須使全身任其自然，不可稍有滯處，最妙連試力二字，亦勿存於意中，徐徐運動肢體，動一處即作全體想，以意領導，神經支配全身，動時大動不如小動，快動不如慢動，動越微而神越全，如能作到不動之動方得生生不已之真動。

　　心意照顧周到，氣力一致，歸於圓整，上下左右不忘不失，如此則全身力一，力一則力止於圓（中）動靜處中，自無妄動矣。（滑力、輪力、硬力、滯力、溷力，以及從雜亂發出，即回之種種不善之力，自不生矣）。

　　力止於中者永是而不變為靜之至也，力一者乃形變之終，始終為一，動一守靜，定心在中，所以無妄動，動則適宜也。此靜為本體，動作為作用之真理也。「不覺力之力莫大於變化，順生於自然，不覺有實力也，故謂之渾元。」

　　試力要從「徐徐」二字中作體認功夫，不如是不能試得

本身氣力之如何，以及運使之所以用。

習時，要出於急迫，勢必先行吃力，吃力則不自然，必偏重一方，失之於滑於暴。全身原有之渾元力（一貫力）不能暢達於體外矣。力之為用，莫大於變化，陰陽虛實，開合順逆，互為根用，順生自然，滔滔不絕，用之不竭，變化雖有不同，其力則處一不變，而力之外發手、肩、肘、胯、全身關節骨筋伸縮、氣血鼓蕩、面面有力出鋒棱生生不已，共爭一中也，力出共爭一中者乃言相乘之力也。

其力名曰爭力，又曰混元力，全身處處均有交互具有上下左右前後四隅之相乘力。初步試習，應求二爭力，如手伸出，同時有前伸後撤，上托下壓外撐裡裹相乘之力，從一中心異向發出，相等相乘。

悟得二爭力，再求全身各部分，均同時面面生力。無不相乘，互為應合，渾元一致，共爭一心，氣力貫通，全身無空隙，習拳得此爭力，方能使神氣意力真實之合一，然後可謂之得中，可謂之得力矣。

力不從一邊生出，失此意，則無八面玲瓏之巧，而失分合虛實互用之基。「一動全身轉」。此身字正宜領會，於有意無意間，悟得自然神機之妙，方是試力功夫之到境。

初習試力，使手自腕及指尖可稍加力，腕以後則不可有力。如此作去，容易入門，不論怎樣做法，總要勿忘勿助長，所以動靜互有樞紐，全身無不渾元一爭，始得象外之妙，身外之意，拳外之拳，能否得之在於一試，經此一試而得之在，可與言拳道矣。

教拳要申明爭力作用，以求氣力自然發動。乃拳學不傳之秘，今揭以示人，其言頗詳，其法易，能得與否則繫於學者，視學者志向與體認功夫如何耳。

第十四章　運　力

　　習拳得力後，才能進言運用運力之妙，固在於周身力一運之於內，靈之於外而神之於用。大力靜為動之基，動為靜之效，習拳致力於靜，正是求動。氣充力足，然後方能靜不滿其機，動不見其跡。能靜者方能動。靜者乃萬有變化無窮之源，椿法各章已有論矣。身手足之運動須要用意，使之靈通一氣，其用則腹為之主。語云「身化」此之謂也。

　　手發全身力氣神之前鋒，其發出撤回非玩耍兩手往來之謂，實根於腰之運轉，及兩臂之伸縮而成。發出收回之動作，實際上兩手不使之局部動轉也，所以習拳忌兩手空發、空回，用時變換或拳或掌或指，翻轉變化運用靈活，但舉忌過高，按忌過低，總以高不過眉，低不下臍，左右不出肩窩為常度，至於步法：應知步大不靈，所以進前足，須跟後足。兩足虛實互為相用。前足尚虛，後足尚實，虛為靈活，實則山安。前後隨分虛實，其力並無二致，而肩臍之間為身手幻變之地，又神經中樞之所在，上達於手，下貫於足，成一神經線，名曰中線，全身照顧在此，可免有失矣。手之變換或拳或掌或指，切忌死握緊靠，能不吃力於兩手，兩臂方活，氣力暢達於手足相應矣。拳學要訣，步輕似貓行一語，頗堪玩味。若吃力於足，或頓足進退，變轉不得靈活，甚至戕害神經，易致腦病。神經末梢，受到刺激，因反應作用，致使神經中樞為之而受傷也。

　　習拳對於聲勢二字，應加以領會，聲字今姑不論。先言勢字。運力得其勢，則得其力，而妙其用，勢生於用，勢生於氣，為意字所使，因形體靜動變化，表露於外，勢之雖有不同，而其氣則一也。

拳家言「合」有內外之分，心與意合，意與氣合，氣與力合，為內三合，手與足合，肘與膝合，肩與胯合，為外三合。復有骨與筋，皮與肉，肺與身，肝與腎為內三合，頭與手，手與身，身與足為外三合者，皆未得習拳之至要也。須以力氣神及光線聲勢，統一於一意方得謂之合也，但求形象對，豈得謂之合哉。

或曰：「意拳在十字當中求生活也。」妙哉斯言也。拳家真諦，一語道破。所謂十字者，乃明爭力之作用，環中之奧理也。拳家皆言，得其環中以應無窮。然所謂中者何在呢？所為環者何為呢？環即俗，稱之圓圈也。其結心即中之所在。有環則有中，環中之力，同一心結，而有若干相等相乘之十字也。人身上肢掌腕肘臂、下肢趾踵膝胯。全身各部，無不有其環中，然須統為一體。所以操拳非各處，皆不能得環中而得其環中。中屬之於靜、環屬之於動。能靜者方能動，待時赴機，靜動運用之妙也。習拳如何能得其環中？總之須由中以求其環，並由環以求其中，兩者化一乃得其環中，練習之法，應求之於站樁。

敵我兩力相接，即分強弱，運力之妙見矣。兩力相接之時，應知有所謂「點力」者、乃存乎其間，點力者何？即全身氣力出露體外與對方相接部分之梢端力量也，其力根源於周身之氣力，彼此剋化各求其中，妙在一轉，彼力經我一轉，即化為烏有，手、腕、腰、臂、頭等處之轉皆然。渾身所覺鬆緊矛盾回旋者是也。有時現於形，有時藏於膚中，一點轉動，全身一致，各處動則俱應。各處俱應，對於點力之作用，為足力之作用。其實非各處俱應。乃同時俱動也。更有時無轉動之形變，而其默化之妙用，須細心體會。俗謂某式為拳打，某式為肘打者，實未明運力之妙也，不許部分推進或轉動，豈得謂之是耶。

「力不可由內向外張，須由外向內引，其力方能外發」。所以：「應敵出手前進時不許向敵發，方能應機應時」，故運力須存意勿努力，並且要意中不可有敵人，意中若有敵，則己之力，己之氣，不免受力氣之阻。我之行動要正正堂堂，如入無人之境，氣力不為敵奪，方能得莫可當鋒之效。然後始得運力之妙也。運力外發因其用之不同，運力可分為三種，曰虛中、實中、化中，應敵周旋，順應來勢，形變不則，全體齊動，敏捷異常。而力之為用，其變化不外剛柔方圓，斜面螺旋以及蓄力，彈力驚力等等，變化雖有不同，總要不外乎得其環中以應無窮耳。茲分述之於後：

剛力直豎（剛者力方便轉頓）如撞針然，渾身毛髮皆豎如拽，其力尖銳，出露體外，剩於攻守。

柔力短縮而力長（柔者力圓便於抽提）靈活、如彈簧然，毛髮動蕩，銳力內「含」。

斜面力以偏擊正，機靈異常，易於進攻。

螺旋力，出手擰轉，不論剛柔應接運用，乘隙而入，最易得力，有引導拋擲與纏繞擰撥之用。

蓄力即全身氣力，波湧於內，未蕩發於外者，外剛而內柔。靜以待動，轉變利用，能生挺力及黏著，攝引之力。其妙，在於虛靈守中，易於變化，故曰「虛中」。

彈力又名挺力，如彈簧所發之力，此力生於振動，外柔而內剛，如綿裹鐵，為被動反擊之用，故曰「實中」。

驚力運用，在於身體之梢端，其變化主動於腰，如蛇如龍，剛柔相濟，而陰陽虛實互為相用，但查敵之千差萬異，縱敵近我，旋繞而纏裹之，極其神速，故曰「化中」。

拳學通於易理，操拳用力，不出乾坤，乾者力之一，坤者力之二，而仍一者也。圓出於乾，方出於坤，而坤渾於乾，則方繞於圓，知其方而圓，遇敵變化不一，動分靜合，

陽陰交錯，運轉乾坤，其道得矣。

今世之論拳者，有某拳生某拳，或某拳克某拳之說，似亦有理，但仍基於著法之講求，若繩以拳理，當兩手相接對擊時，豈能有暇及此，若以目之所見，心再思之，然後出手制之，實不敢信其能也，況敵之來勢，逐迭更變，安有以某拳某式生剋之說，而能致勝者歟。此欺人誤人謬誤之甚者也。倘能習得爭力，守中不失，不期然而然，莫知出而手足至，尚未敢說，定能制人。如察來勢思應付，出手論招，操擊論套者，真可謂之門外談拳者也。

運力之妙，百出盡致，隨機應變，方擬去而忽來。乍欲行而若止，陰陽剛柔，形體無方，意則一定而不易，故操拳不可好奇，但取近意，意則無過，永用而不疲，初學應知吃力，則力失中，不吃力，則力自足，此乃用功所進之火候也。

「全身力要渾元」，渾元力乃是爭力，動靜因而不同，不動時其力一貫，屬之於靜。動時大小關節無處不有上下左右前後百搬之二爭力，其力一貫屬之於動。動靜之力又因其用之不同而分為金、木、水、火、土五力，實則仍一爭力耳。茲分述五力於後：

1. **金力**：渾身之筋骨堅硬，心如鐵石，運用時其力由虛中化為實中，有攻堅之能，其性屬金，故曰金力，所謂皮肉如綿，筋骨如鋼之意也。

2. **木力**：四體百骸處處皆有，若樹木之曲直形，其力實中有動，其性屬木，故曰木力。

3. **水力**：身體之行動，如神龍之行空，矯蛇游水，行無定蹤，靈活隨轉，猶如水之流動，其力虛中，其性屬水，故曰水力。

4. **火力**：發手如炸彈之爆烈，衝動如火之燒身，猛烈異

常，其力由虛中化為實中，而反歸於虛中，動作甚速，其性屬火，故曰火力。

5. **土力**：完滿敦厚沉實，意若山岳之重，無處不生鋒芒，其力化中，具有虛實之妙用，其性屬土，故曰土力。

動如水流，靜似水止，身若虬龍，氣若長虹，能得樞紐環中竅，自然動靜互為根，而周身之氣力，其中乎，其化乎，堪與天地一平，全身動用與天地應合，此力學之運用，加以精神之支配，對於拳理與實相，非得其三昧者，未易知也。

力之運用，陰陽虛實，開合剛柔，橫豎等變化無窮。陰中藏陽，陽中含陰，陰陽有制復之變。動為靜地，靜為動機。動靜有感通之妙。虛為實用，實為虛體，虛實有真幻之巧。不開怎合，不合怎開，開合有噬嗑之理，剛須寓柔，柔能剋剛，剛柔有姤夫之化。橫不離豎，豎不離橫，橫豎有相輔之功，更有長出短出，專擊抑揚，左柔右剛，或梢節剛，而中節柔，亦有時剛時柔，半剛半柔。復有柔退剛進，剛左而柔右，遇虛剛柔，而剛隨其後。逢實則剛，而柔在其先。過剛易折，過柔不進，剛柔互用，隨機應變，百出盡致，擬去忽來，欲行若止，雖形變而無方，意則一空而不易。運用之妙，不外歸總於「重心不失，中線不斷」為準。

天生萬物，盡其性各有其能，習拳取象，參其變化，以合形體之妙用。而操練之時，應注意其動作神情，得其神則得其動靜之勢，得其勢，則得其力，妙其用。若長拳其動作形式，已失其真，則形非其形，便失取象之意。語云：假道練形，真道練神，學者自各取法，運化之妙，不難得也。（龍蹲，虎坐，鷹目，猿神，貓行，馬奔，雞腿，蛇身）。

人身與空氣互運，身體力運左旋，空氣則反而右旋。身體有靜力，所向殊方，空氣則隨之亦生變化，空氣動則生

力。無形無象，與體力應合為一。此之謂體生力，體外有力。回旋空際，盤繞如游絲，虛動如飛龍，實則騰空，去來無跡，習拳能體外生力，則勢全意一，其力乃大。然能無中取勢，空際用意，此不傳之秘也。操拳要和空氣作爭戰，而使為一體。其運力施意之妙，與游泳相似，善游者忘水，忘水者則神全，所以能泳也。

第十五章　對手功夫

習拳練習對打，以求實搏功夫，是拳功中一部分也。練習時應辨虛套與真藝之不同，諺云：「到廝打時，忘了拳法。」此語說盡虛套花招之病，足證美觀不實用，實用不美觀，而拳法應用，須隨意應敵，臨敵致勝。對敵發力，要不早不遲，恰合時機，勢之相乘而變化無窮。微妙莫測，方可謂之得了應字，因字功夫。可知花法轉身跳打，你來我往，不獨無益，抑且學熟害人誤人，以其死套不堪實用。蓋以其非由於此應字因字而生之變化，不合時宜之動作也。

推究花法來源，想係因練習實用，而行對打所須成立把戲也。對打一名，為對手功夫，係練習實搏，因先有損傷之戒心，若心先失去實搏精神氣力，即成了好看的花招勾當。現今之對手套數，可資證明，由如此看來，周旋華彩儼然，戲局。拳術病在花招勝，而正法昧，定無謬也。所以花法勝、而拳學對手功夫，教習之道遠，於今論拳尚虛套，而使真藝人難成，當以此為因也。

練習對手功夫，以備應用，須知其要點為比較二字，比較者比較其真實功夫也。習時最好要如與真實。相對搏撕打者為之，以免你強我弱，徒支虛架，演成花法，以圖人前美觀之現象。至於實敵本事絲毫無得。反增若干害處，實無益

也。

「作拳時」，於意中如身之前後左右，均有敵人來與搏打，「坐作進退，要與空氣（假設之敵）爭地位，習之既久若真對敵，則動不可當矣」閑居坐睡嬉戲，亦在練習。若習以定時或場所，豈得謂之真練習哉。

拳極重「中」字要守中，用中，保中線，守中神，不失中氣，不失中力，不失中神，注意當中一點，敵我相搏，彼此應留意，此力對於自身則要守著當中一點。以防敵力侵入，對於敵方，則要向著當中一點，以收摧敗之功。

初習對手功夫，最好用當中一點來說明敵人。或體認中字奧妙之所在。能得當中一點之妙用，然後出手對敵，不可假眼目之端詳，一動即有奪其心志之神氣，如此焉有失敗之理。語云：不招不架，只是一下，此乃理之申明，要知一下，亦即萬一之謂也。

人身鼻居中央，其兩側形長只有七八寸，交手時，撥轉敵力，出此七八寸，即不及我身，此乃動之果，言其動，則俗語所云：「妙在一寸中」之言耳。此語說盡操拳無須兩手高舞。先哲有言曰：「不必遠求尚美觀。只在眼前中間變。」又曰：「不論姿勢好壞，只看進退虛實之大意。」動作不拘繁簡，任意所之，得力為止，圖好看者，未必有實用也。

習拳能學會打圈，此說極精，習拳打圈，要知打圈，不如打小圈。打小圈不如打不顯形之小圈。打不顯形之小圈，還不如全身齊動，全其神，全其氣，全其力，此習拳求中用中之道也。

揉手為習你我中線之功夫，亦試習與人對敵之功夫也。切忌虛為招架，應著實推究。各求其空隙，遇有所乘，即行進擊，不使失掉時機，作實功不可以勝負為丑為樂，當思何

以勝之，何以敗之，勉而久試藝自精，膽自大，自無怯敵之慮。若虛有招架，徒具你來我往之形勢。乃於己無利之事，何須習為。語云「對手功夫，不相等人，打不得」。此語正防人有畏怯之念，或自欺欺人之病。而不能有所獲益也。

明乎此後，手之轉圈，足之進退，腰之運轉，方有所因有所為而得其效。身、手、步，運用方法，可以畢得，何旁求乎哉。

「挽轉游身，如行空游水」，是說明「活」字之功夫，使動靜一體，因勢生發，八字靈動，力勻交插相乘。向左不離於右，向右而起於左，右無不宜，左無不有。上下四隅皆然，照顧周到，無顧此失彼之念，此爭力之運用也。爭力者乃得其環中，以應無窮之實質也。

動無直出直入，是說明運力由曲處求其勁促之狀。更由直處，以取拳曲之意。曲直相因，其變化不露形跡，而力尤須內含。形曲力直，亦是說明此理，應善自體認，爭力不難求得也。

練習對手，要注意實搏功夫，前已言之，交手時彼此進退，互相攻擊，當知人頭部或兩肋、前胸、小腹、心窩等處，一受拳擊，重者能截斷營衛，斃性命於頃刻，輕者或致傷其內部，要知攻擊要害為應敵決戰之動作，練習時慎勿行此致傷於人，至為切要者也。

第十六章　應　敵

應敵要訣，千言萬語，不外乎，制人而不制於人，對敵要審，如何為審，是一注意要點，今人多言審敵，乃是審的，即目中有敵在前，應去講求如何應付也，殊不知審的不過審中之一事。「審」字功夫，求於「審之」二字，可以盡

之，使吾人身神氣、力、動靜守中，手之舉，足之動，腰之運轉，無不守中，安固如不動之時，力之發出自無不中，無往不利矣。審之功夫，作到妙處，出於意求自然能審矣。

拳能得八面意，自然靈妙。此審字工之奧妙也，勿庸去講「的」。審的己審己，乃審己工中之一部功夫。只專審的則謬矣。拳家所言，目中有敵，始可出拳，意中有敵，方許動足，此審的功夫也，然動有所因，自無妄動妄為，仍審己也。

應敵要明彼此，順人之勢，借人之力，借力者乃撥轉敵力而利用之之謂也，所謂一指撥千斤者是也，要敏速適應時機，又要以進實退，不可急進，以求應敵，先退後進，審勢審敵，分斷敵人得其力得其隙，退以備退，不敗之道也。對敵運力應機須在勢、氣、力、相因相生之際。求之後人發、先人至、不可早，尤忌遲，更不管來的是拳是掌，認他全身、臨「機」一下。（其「機」要在敵方真實擊出將著未著之間、或當應手而擊、即恰當之火候）何須費力，以靜待動，以逸待勞，微乎微乎。然應「機」者知「機」，「機」者神之用以意得之，以意應之，神之所為，任運而成，游於規矩準繩之中，而不為所窘，方謂之能變化運用，知機者，當神手技矣。

畏心存則侮，敵前先自怯，怯敵者必敗。所以習拳者平日練習求精熟，臨時手軟身顫，舉藝不起，此必缺勇氣而丟實功也。有實功而得其藝者，當臨陣無畏也。

發手應敵，開聲吐氣，亂敵心意，以張我之氣勢，須合時機，不用力不變勢，只此一聲而使敵心敗膽寒。古人「聲擊」之說，即此之謂也。但未與敵接，故意來張我威而開聲吐氣者，實出於畏怯，而先示人以弱。應知禁忌。豈可輕於開聲自餒其氣，以致敗於人耶。

「應敵時要審要固，更須具有以下之神惰和聲勢，頭欲要撞人，手要打人，身要摧人，步要過人，足要踏人，神要逼人，氣要襲人，得機發力，勝拳定由我操，事所必然，豈可疑乎。所謂：較技者概不思悟，思悟者寸步難行，進退動轉著意莫帶形，帶形定不贏，氣為龍虎而動無定勢，應機發動，頸斷意不斷，意斷神猶連，神全則身自安，如斯臨敵，安有不勝之理哉」。

應敵知機，方能發動制人，不必度來勢，機會，自能揣敵人之短長，均在有意無意之間也，靜似待動，動中處靜，以退為進，以進為退，直出兩側入，斜進而豎擊，柔去而驚抖，剛來而纏繞，力之外發縮骨而出，縮即發也。發力時意欲透其骨，而入其髓，意存數尺外，敵身為我意所束，豈能逃哉，應思斯語也。

或兩人交拳，甲於未學之時因勝於乙，既學之後，所敗何也？此由於較拳時，不能應機運用也，較拳時，不忍不可，不肯不可，不狠不可，（氣安穩，心要狠，手要準）李廣射虎，視虎則中，知其為石則羽不能入者其神異也。勝負之際，頃刻而決，其間錯綜變化之由不一而足。學理富而功力不敵不可。學理向功力俱為富強，經驗不足又不可，經驗亦既富矣，其權變不能應機，而神氣不全亦不可也。故藝之優劣，有時不能盡以勝負判斷，所謂是非不能以成敗論也。學者但求其是而已，未可以一時之勝負餒其志也。誠哉斯言也。

應敵最要之訣，則「守中用中」四字而已，總之要身心一致，手肘肩腕並一身之關節，處處都應如起鋒棱，頭足闊骨，垂成直線，均有前後左右上下諸般之爭力，三角之螺旋，身不難六道含靈共一先，苟能如斯，不但己「中」不失。即對方之「中」，不期然而然，為我所乘，一擊即敗，

此周身筋骨氣力精神均歸一貫，得其環中樞紐，自能變化無窮。常生常化，無時不生，無時不化，千化萬化，不使留源與人，渾元不可破，所謂己正不管他人斜也。

應敵出手，守著面前尺許之路線，左右互相扶助，動用合一，而擊動敵方起於一線，指欲透其骨入其髓，筋骨微為轉動，則打成，說來何須崩攀勿，足履地上，無論地勢高低平踏自然，氣貫小腹，隨跳蹬點，擎氣負著腳趾尖，要知手足轉動，源於腰之運轉，腰轉如輪，首尾顧到，重心保持皆在腰，自頭至足要一氣相貫。至於筋骨用則筋如彈簧，骨如，筋針肉一縮，骨節生棱。針簧一動，氣力外發，萬棱伸出，所遇莫可當鋒。

兩手結合，迎面伸出，前伸後撤，左右封固，務須守著中線，兩足躦進抽撤，保住重心，並無定位，踢足；足起如捲地風，縱橫高低揚落進閃，隨意變化。直奔敵人重心，莫為旁求，揣度情勢，當進則進操其身，當退則退領其氣，前後左右反轉照顧，渾圓一爭。語云：手到步不到，打人不得妙，手到步也到，打人如玩笑，手足齊到，乃全身與為應付也。

遇敵時須要浩氣放縱，心小膽大，靜似木雞（面善心惡），動若曳浪，舉動藏神，處處有法，身動似龍蛇，手動逮如風。平日練習面前如臨大敵，（在三尺以外七尺以內，如有勁敵當前，但交手時，似有千萬人，我若入無人之境），神在手前，意透敵背，交手時，有人若無人。有怒虎驚嘯之勢，捕食之勇，橫衝直撞，頭頂腳抓，周身鼓蕩，出手似銼，回手如鈎，不得分開使用，運使渾然，納於一圈，力不空發，意不空回，起手分析，抗、橫、抖、順，落手分劈、揣、搬、扒、撐，沉托分撐。力動縮、亦即發。發、亦即縮。動靜合一，出之自然，起頓收揚，猶如生龍活虎，吟

嘯聲喊，谷應山搖，壯而無敵矣。

臨敵發力，縮骨而出，如弓之反弦，魚之發刺，其制勝要點，在於動靜虛實，已發未發之間、捉摸其火候，此隨機施巧之時也。此中動靜非招式上動靜。全在筋骨，氣血之運用，其奧妙，必資神遇。其機巧必須心悟。不可以目取，或以力求。學者其三致意焉。

「應敵要訣，為身手齊到，所以進頭進手須進身。內則提起精神，外則動作敏捷，拳未動而力已蓄，打要遠，力要絕。（放字妙訣）取勝尚須隨意與運氣，倘然不勝，必是心有懷疑耳。」

第十七章　瑣　論

1. 提倡拳學，及時練習拳套，申明拳理法。

2. 拳功妙用，原為整儀容，養氣血一心志。

3. 劍法拳功，異曲同工，不過練習時，須得渾元力，方可再分節，不外乎面積與構造之配合或應合，大概言之，只要梢節直刺，中節待轉，根節及全身動，催而已。至其各種運用，則難於口述，有待於身示矣。

4. 今之學者，同道，去宗派門戶之見，共研拳學之真理，拳法振拳理明，實為國學之續，吾人之任務，在於誠，以誠接，勿傾軋，及未尚較技以爭勝負。

王薌齋談拳學要義（答記者問）

王薌齋

大成拳宗師王薌齋名重南北，素為全國武術家所推許。最近卜居京門，為觀摩拳術起見，特訂每星期日下午一時至六時在大羊宜賓胡同一號招待各界，藉以與拳學各家交換意見，使我國尚武精神日益發揚光大，意至善也。昨日記者走訪王氏，與作下列之問答。

問：王先生拳術高超，素所欽仰，敢問先生對於拳學之抱負如何？

答：承一般友好以大成拳之代表者相推許，真使我羞愧交集。鄙人自清光緒三十三年離師後，即奔走四方，藉廣交遊，足跡遍大江南北，所遇名家老手甚多，飽嘗風霜。30餘年所得代價就是良師益友，相互切磋，故於拳學自信老馬尚能識途。

目前張玉衡先生於報章先後評述，唯恐各界人士不明內容，致生誤會，故極願將本人真意掬誠奉告。余年漸衰，生活尚可自了，名利之念更無所縈心，所急急於此者，願趁此軀尚不十分頹唐之際，與海內賢達，負起艱巨，將人生固有之「本能」「武德」提倡而光大之，並革除誤己誤人之旁門異道，絕非博人虛譽，以圖欺世盜名者比也。

問：拳學以何作基本？

答：拳學之基本原則究為何物，雖人言人殊，但習拳套、講招法、練拍打，皆屬於表面者。套路流行即久，實屬誤人太甚。

問：「形意」、「太極」、「八卦」、「通臂」俗稱為拳術之內家，未知其派別如何？

答：社會常云「形意」、「太極」、「八卦」、「通臂」為內家，余不知內外之名由何而起，似不值一論。姑就前輩名家論之，以見一般。

「形意」嫡派與河南「心意把」、「六合步」為一家。查河南李岱東（鄉稱老岱）為李致和先生之曾孫，致和先生乃戴龍邦太夫子之業師也。濟源阮氏，命名雖異而實宗於李。戴先生雖以「心意」變「形意」，然也不背原意，故以拳拳服膺之意名之曰拳。要知「形意」嫡傳並無十二形練法，然周身十二形之意當盡有之。亦無五行生剋之論，不過指五行為五種力之代名詞，非手法與拳套也。曾記先師簧語：五行相某某，謂金者如筋骨含力，意如鐵石之堅，有斬金截鐵之意；木者，謂曲折面積而言，若樹木支撐形勢；水者，勢如汪洋游動，活潑若龍蛇，用之無孔不入；火者，力如火藥，手如彈發，有一觸即燒身之力；土者，用力敦厚，闊大沉實，混元氣壯，有與天地相接合為一體之勢。此為五行合一。非若今人動輒謂拳剋某拳也。若以目之所見，一再思之，然後出手以迎敵，鮮有不敗者。

「八卦」原名叫「川掌」。余幼年時曾與程廷華先生晤，回憶其神情若神龍游空，百折千回，令人難追其功勁。遙想董師海川先生，更不知入法海，博道要，深遂何似。劉鳳春先生與余交善，攻極深，而造詣稍遜，然亦非習八八六十四掌及七十二腿者所能望其項背。希望習「八卦」者專研雙單「川掌」在一舉一動上加意體會，深造力求，而於理論上亦當切實研討，行之有素，庶乎近之。

「太極拳」嫡傳宗匠，當推少侯、澄甫楊氏昆仲。此亦余之老友也。故知該拳確有幾種力學含義，得其要者百不得

一，即或能之，亦非具體，因基礎體認功夫早經銷亡，故身之下部無理力之可言。該拳原為三拳，又名「老三刀」。王宗岳先生改為「十三式」，又一變而為百四、五十式之多，此失真之一大原因也。若以養生而論，徒使精神氣質被拘而不舒；若論技擊，專為制裁肢體之用，而使有用之身成為機械呆板之物，亦不過徒使學者神經擾亂、消耗時日而已。至於練法，這一拳、那一掌、左一腿、右一腳，說來可憐亦可笑。對於應敵，如遇高手則勿論，倘對方是不緊滯呆板者，縱令該拳名手則也無所施其技矣。流弊所及大有成為棋譜勢之「太極拳」。近 20 年來，習此拳者多是非莫辨，即或能辨亦不能行。至於一般學者，大都以耳代目。故將該拳葬送而破產，是為可惜耳。願該門有力分子迅速嚴格整理，以圖進益於將來。他日有成，以作拳好知音之良友。余對「太極拳」敢云知之深，不覺論之切，知我罪我，唯高明者有以諒之。同時想「太極拳」學之有得者，觀吾所論。恐將頷首默認，啞然失笑矣。

「通臂拳」通行華北，都門尤盛，余所遇者大都不成形，然亦有持理論而近是者。考其功能，相去甚遠。想前輩當不如是，抑後人之失傳也。雖偶有局部深邃之絕大功力者，然終不易走上拳學軌道。

「梅花拳」又名「五式椿」，其嫡派至今仍有輩行流傳，河南、四川最盛，與福州、興化、泉州、汕頭等處操「五技散手」者有異曲同工之妙。對於應敵亦多有深造獨專之長，惜片面多具體少。

「八翻」、「綿掌」、「劈掛」、「八極」、「大功力」、「三皇炮」、「粘腿」、「連拳」，互有長短，大都偏於剛多柔少，缺乏精神內斂功夫。至於「大小紅拳」、「彈腿」、「戳腳」，具知各拳長短及其他各家，餘不欲論

之矣。

問：先生對保存國術有何高見？

答：我國拳術雜亂無章，有令人無所適從之嘆。一言以蔽之遺棄精髓，僅守糟粕而已。東洋之武士道、西歐之拳鬥雖非具體，然均有獨到之處，若與我國一般拳家相較，相去真不可以道里計矣，令人羞愧欲死。然則整理舊學發揚而光大之，捨吾人其誰與歸？區區不揣淺陋，故振臂高呼倡之，其唯一宗旨，則在於斯。

問：先生此次訂期招待各界，足證虛懷若谷、熱心武道，未知對此有何意見？

答：學問之道藉比較而增進，拳術亦然。比較有勝負而於人格無損且人格道德賴此而增高。倘觀摩日久，既可免門戶之爭，更可塞雌黃之口，願我同道勿河漢斯言，海內賢達，都會高隱如肯屈駕賜教，無任歡迎。若不欲輕移玉趾，即請一紙見示，定竭誠造訪，藉聆一切。總之，但求拳術之精進，其他非所計也。

問：先生為大成拳宗師，對於本門拳術必有卓識，請賜其詳。

答：拳學一道，萬頭千緒，繁難已極，擇其大要亦極簡單。然吾人學拳，應先研究為何學拳？始易於認識，而有所得。大都學拳，一為衛生，二為自衛。身體健康為人類一切事業之基礎，故養生保身之道，實不可忽。

夫鍛鍊之法學之得當受益匪淺，學之不當乃能致死。凡劇烈運動者，絕少享壽高年。至拳術家因鍛鍊之不當而損命殘身者，更不知凡幾。誠可憐亦可笑之拳術也。

既知學拳之利弊，應在用功時、動靜之間加以體察，非僅使身體外形上為多種情形之運動也，應用神意觀察全身內外、一舉一動是否符合衛生自衛之條件，動為什麼？靜為什

麼？結果是什麼？中間過程的現象是什麼？如此體認操存，庶乎近矣！至於精微道要，方可繼續研求，否則未易有得。茲簡述大成拳之要義，並質諸同道，而為拳學上之探討。前言學拳階段。

以上所談衛生、自衛，二者有互為不可分離性，失一則流弊生，而入於歧途。應首先使氣質本能加以精神的訓練、培養，而後始談到發揮神經肢體的本能力。學拳第一步就是鍛鍊神經為基礎練法、體認四肢百骸蠕動的工作。第二步為試力、試聲的練習。第三步為自衛。分述於後。

（1）基礎訓練：

吾人在日常生活中，欲使行、站、坐、臥隨時隨地可以得到適宜訓練，須先從樁法作起。將全身間架安排得當，使身體端正、意念空洞，從靜的狀態中去整飭神經、調息呼吸、溫養肌肉，使各細胞自然地發動，力由內而達外，通暢全身。如此，筋骨不鍛而自鍛，神經不養而自養，尤須體察其細微動靜。功夫一到，當知如此一站，大有無窮的妙趣。欲盡拳功之妙用，應先致力樁法。

（2）試力與試聲：

學拳已有基礎訓練，其本能當日益增強。對於運用須嚴防人欲的支配，引起幻象之誤用。往往本能力量因人欲支配，而反為不合本能需要之運動。故子輿有勿助長之戒。如何運用方能適於需要，須先認識力之動的情態，可以繼習第二階段。試力為拳功入門最重要事，試力為得力之由，力由試而知、由知而得其所以用。初試須使渾身氣力均整、筋肉靈活、骨骼支撐，故能筋肉收、放、鬆、斂而互用。力應於內而外發。動作時慢優於快，緩勝於急，動愈微而神愈合。欲動又止，欲止而又行，更有動乎不得不止、止乎不得不動之意。試力不許有偏面力，更不許有絕對力。

首先要體認全身之氣力圓滿否，力量能否隨時發出，自身能否和空氣發生應合作用，更須意不使斷、神不使散，輕重操持而待發，動一處牽全身。氣力一致，歸於虛靈沉實而圓整、上下左右前後不忘不失。總之，非達到舒暢有趣而得勁者不足曰拳。

試聲為輔助試力之不足。蓋人之生理構造因先天關係各有不同，故人生亦各有難通之點，所以試聲即用身內呼吸之功夫以輔之。又名內呼吸，亦名腦（腹）背呼吸者是矣。

（3）自衛：

即技擊之謂也。須知大動不如小動，小動不如不動，要知不動才是生生不已之動。如有形之動，正是不動無力的表現，所謂不動之動，動猶不動。一動一靜互為其根，其運用之妙，多在神經支配、意念領導，及大小關節韌帶伸縮之互根作用，和支點堅強、螺旋的爭力，與樞紐之轉移、重心路線之穩固，及運用呼吸所發之彈力。能用之得機適當，則技擊之基礎備矣。以上所言多係抽象之語，然其中有許多意義非言語所能形容者，若能習行不輟，自不難領悟也。所謂大動小動之別，實在乎個人之基礎功夫，對各種力量身得意領否。如能抬手動足渾身處處都含有力學的本領，大動亦可、小動亦可，不大不小均可。若根本無力學的能力任憑怎麼都不可。至於用力與不用力之分亦如是矣。

夫常人之動，非注血不得有力，凡注血之力皆板滯失和而不衛生。不注血而有力，即不用力而有力、用時得力，乃為本能之力也。他如虛無假借而求實當之種種微妙，則尤非簡單筆端所能寫於萬一。總之，大成拳不在外表形式之優劣，實在一意之應付。一言以蔽之，有形有質都是幻，技到無心始見奇，意即此也。

問：前次報端發表談話，想近日來訪者必不在少，其中

有無高明士？

答：承諸位關心提倡，鄙人甚慰，京師方面之同仁仍無一人肯來賜教。惟各地來函表示同情者尚多。並有數處來人商討，願聘任教授，更有一事堪為知己者告，近今京中真研拳學就教者甚伙，多係自動請求，經人介紹者亦有之。蓋提倡之唯一宗旨，即在此點，並非與人有所爭，而更不屑以競，願使國人對於拳學都有相當認識，亦希望拳學之立法根本改善，莫以勝負為榮辱。願拳術同仁勿以盲摻胡練為自是，尤盼同仁都為衛生之拳學者，不願盡流為江湖之把式匠，但今之習拳者，百無一是，大有舉目全非之感，至賴此謀生之拳師、只要不以任教後，復從人學為可恥，而精神中能不自若，應以優於我者當力從之，須時刻存莫誤人子弟之良心。今之拳師既不知拳學精神之所在，只得以此謀生活，但萬不可以神秘及剛暴語人，則庶不致天淵大謬。不過此中人識見薄弱者太多，一時不易悉數感化，惟希望漸漸使其覺悟。自省而已。

問：武道起於何時？門派之多，各言其是而學者終有茫無所從之感，究竟如何為合法？

答：世界一切學術都是藉比較而後可分優劣，否則各雲其是，門外人難能辨也。然拳不能就以勝負之一點即為定是非之準則，要以合理與否，與人之需要適合與否。所謂合理者，非達到舒適得力而有趣者不足曰拳。至拳術的歷史知道與不知道無甚關係，只看學術方面有無研究價值與合乎人生的需要與否。不過說到我國拳學，雖說有很悠久的歷史，而戰國時始露頭角，逐漸推進與演變，直到唐宗時始匯成斯技而有流派，元、明、清初為最盛，習者甚多，只因功力造詣之不一，識鑒智愚之不同，故隨之分家，別派各言其是，即所謂今之各家者也。

清康雍時代火器尚未盛行，恐此道將於國不利，欲使斯道崩潰永墮而不拔，以倡重文而輕武，一方面提倡飛仙斂客，故示神秘；一方面倡導拳套招法以走歧途。中庸大道無以問得，復利用戲劇和小說為宣傳工具，更以使習之者，為士大夫所不齒，始有而今每況愈下、醜態百出之日矣，誠可惜而復可痛之事也。幸我拳學前輩，秘有傳人，遂留一線光明。近 20 年來各地雖設立專科提倡，而提倡越快破產越速，永不得走上拳學的軌道。其實學本不難，因世人仍是小說荼毒的頭腦，更有今之拳師大都以此為生，對於拳學根本茫然，即有覺悟再加羞從人學，亦就無可如何。

近半載以來，同仁常有來我處作零星之身手之試，余不願指明其人，以留謀生之道。現在大家亦多知自己錯誤，然為何不肯作分開討論之舉，而更不具用身手之較，以求學術之增強而竟良心扭轉，反譴他人之非，只知暗地妄造蜚語，而表面卻裝聾作啞，是何理與？至無職業的以為能武，欲假此以作神秘之拳閥者，如研戲劇欠通之票友只會妄加指謫以炫其能，誠不齒之至。倘以余言為謬，敢請無職業之研拳者能賜教一談乎？更希作友誼的小試身手，於人格飯碗，一切都無問題，如不堪屈駕賜教，請示知地點、時間，我當遵時往謁，倘有微長，定當竭力為之宣傳，如無可取，亦絕口不談，若總閉口稱帝，此真不值一文也。

問：與聞先生之論，道破國術之要道，別開生面另闢一新徑為同人謀幸福，但亦有云指謫太極拳仍有過當之處。

答：鄙人識道尚淺，非敢云別開生面，不過遵前輩傳統推廣而已。在太極門中，余之好友極多，而尚有好多不好意思之處，亦因該拳較之其他流弊少，明理者較多之故，尚不吝指謫，否則亦早不屑論矣。談到實在批評的話，吾恐太極門中，從未認識拳學者頗多，至通家更談不到。

余總角時曾聞有丹士張三豐先生之名，及長外遊，得識各家同仁亦惟習太極者夥，故對該拳懷疑已久。聞該拳為張三豐先生所傳，故余早在卑視三豐之意，後來讀三豐先生全集，始知先生乃為一貫大道之先進、已深入法海，博得道要，可是余更深信該拳絕非先生之傳。其實是與不是沒有一些關係，就即便是三豐後裔未得其要亦無足論。

三豐先生之傳人不知為誰，想當不及三豐有道又何用假借其他，要在個人得傳之真偽與否。況今習該拳者，各人各樣，理論不一，任意偽造者乎！曾記三豐先生云：離開己身不是道，執著己身事更糟。太極拳百四、五十式之多，有沒有一式一法不被執著？用這些姿勢作什麼？而精神方面牢牢綁定不可解。實為妨害神經肢體之自由。遙想三豐先生高明若是，當不致傳有如此欠通之太極拳。就以該拳譜文字方面論，單雙重不偏倚種種盡善盡美的意義亦僅不過拳學一部分的初步。就以拳譜論，請問太極名手捫心自問，能否有一式一法，合譜之所論者？既是自以為無上拳學，為什麼實際上不生效果？更聞該拳有機壇扶乩而學技者，此更荒天下之唐矣。縱使該拳一切法則優於其他，技能亦高出一般，然在精神方面而言之亦是錯誤，無他疑意，況皆不如是矣。太極拳不過人多勢眾，擅於宣傳，其實明理人早知不攻自破。余言或有不當，甚願同仁不留絲毫客氣的質問，如有見教，我更當掃徑歡迎也。

問：先生批評太極拳之錯誤，自當承認，然友中習拳而得健康者亦尚多，恐先生之所批評似有失當。

答：拳學之價值，不僅輕鬆而微末。要知拳學乃人之需要，不可須臾離一貫之學也。故莊子說：技也進乎道矣，誠文化藝術之基礎、禪學哲理之命脈，若僅以此微效而可以代表拳術，則拳學當無考究之必要矣。習拳之拘泥若此而能生

效，更應知道，若能將習拳時間，不用一切方法、任意慢慢地體會操存，而收效之大，吾敢深信更有勝於此者。

問：拳術的門派太繁，理論不一，知友中習者尚多，亦有照書練習者，然皆不生效，未知何書可採？

答：拳學無所謂哪一家，拳理亦無中外新舊之別，只查是與不是和當與不當可耳。社會普遍各家大都以拳套手法為習拳途徑，要知此種作法都是後人的偽造，不是原來拳學精神，雖稍有偶知講些技節的力學，及技術的片面，然而總未有離開方法和套子，所以終是無用。至於著作者，亦不出此範圍。此道雖是學習很易，但亦非如此盲從之簡單，往往經名師之口傳心授，尚有數十年而是非莫辨者，豈刻板文章所能濟事。凡一件學問應先明理，由基礎體認功夫漸漸作起，再加以慎思明辨及多方實驗的證明，然後方可進研其技。且鍛鍊時有忌對鏡操作之戒，恐流於形似而神不真，況照書本練習者乎？此真盲人騎瞎馬也。不過看書是博採各項理論之結晶，非注意其姿態如何耳。

余據 30 年教學的觀察，這件學問是極難亦極易，倘遇天下的學生，不滿百日之工，則有成通家大器之望，然於百中未有一二。大凡天資聰敏者，多欠忠厚，且虛偽而欺詐。故中道多為業師棄之，此亦可惜乎！如社會之一般學者，其困難誠可憐之至矣。

多人總是以耳代目，豈知名實二字根本不能並論，且世之拳師多若牛毛，得要者如麟角。凡得其要者，個性多異於常人，不為名誘不為利招，當然不願與偽君子為伍矣！甚矣哉，得師之難也。即遇明師何以能辨？即或能辨，則未必肯如所請，如肯應請亦未必有教學的良法，假使得法而學者亦未必能領略。種種困難，非過來人不能知也。

不過，現在比較以前則易於學習者，因值科學倡明的時

代，對理解拳學原理當得幫助不少，然尚不能以此範圍拳學，若以科學之層次及局部剖析之解釋，則當推為求學之階梯不二法門。惟我拳學中尚有許多原理，而不可以解者，但若干年後或可得證明。夫學術無止境，或永無以名之，亦未可知。總之，在此時而論，應以拳學之精神加以科學的方法，則當不難解決矣。

問：屢閱讀者多對先生之理論都不否認，惟聞學時無拳套感覺不易，初學者尤甚！

答：人身百骸諸般功能，任何聰明者一生練之不盡，哪有捨精華而習糟粕之理？且拳套與方法愈學愈遠如婦女纏足無異，功夫愈深愈不易使其舒放，故初學者進步反速而勝老手者多矣。此論有多人作比擬之鐵證。屬世之所謂某式生某力之說及某法可以剋某拳之功，此真大言欺人。恐云此者，對於拳學認識尚遠。

問：先生所言極是，技擊茫然若是，能否示大家一簡便要訣，易使有效乎？

答：前者已略述養生大意，能肯如此，則養生之道思過半矣，如欲學習高深技擊則亦由此經過，但非極愚之士及稱之大智慧者不肯如此。若天才而性近者，則應習一切法則。蓋技擊之法則亦需由站樁試力學起，前已述其大概。夫試力之法太繁，況各項力量身得之後，莫以為技擊之道已畢，乃始有學技擊之可能性，如得「鬆緊緊鬆勿過正、虛實實虛得中平」的支配，則又一問題也。總之，得師之後而造詣深淺，實在個人天資功力如何，若能出乎而得已發未發時機之扼要，則非久經實作之慣手難能得也。

問：聞拳家云：不用力如何使力之增長？勿論古今名乎總不脫丹田氣之充實方能奏效？

答：用力之說為門外漢之論，而亦有一般似是而非持不

用力之方者，而不知其不用力究為何意？要知不用力則可，不用意則不可，乃畏對方之擊動而起，殊不知精神已接受被擊，安得不為人擊中乎？故用力為拳學之大忌。至論丹田之氣者，在原理方面、及實地之經驗和鄙人體察之感覺，此論似有不妥。腹內乃腸胃肝臟之宿舍，並無盛氣之所，至於動力之功能都是爭力、彈力、與宇宙力之接觸和運用呼吸鼓蕩開合的作用，及精神假想天空渾然之大氣也，非世人所謂氣功之氣也，總以下腹充實大肚子即以為丹田氣者，則錯誤極矣。要知運用時，力宜均整，尤尚空靈以達舒暢得力方為合理。今之學者不明斯理，費數十年之純工，反將靈活之身心練成機械，豈不惜哉！

問：先生如此批評是則是矣，但無異永久之擂臺，長期之挑戰，倘有失足，可當如何？

答：擂擋之事余豈敢當，更不敢為挑戰禍首，不過願同仁苟肯人人如此的提倡和討究，則拳學前途自不難發揚光大。倘大家都不知此，終願自欺欺人，亦惟有苦口婆心，常給我國同仁多打幾次強心針和興奮劑，以漸漸療其麻痺之症也，至個人成敗得失，非敢計也。緣為拋磚引玉，但願體無完膚而此道倡，則鄙人希望已臻其極矣。

問：世人對先生之論多很接受，而亦有一般仍加厚非。

答：知我者明理之士也，罪我者應於夜深人靜獨坐觀心，總之笑罵由他，余亦不辨。倘拳學真髓復見光明，個人之毀譽何敢惜哉？

問：君之學問道德，世所公認，惟研道之士，理應含蓄。

答：所言是矣，殊堪羞愧，惟含蓄二字已為國人之社會性。夫含蓄者誠學術道德修養之基礎，換言之曰：即內實而外虛，或外堅而內靈。正如老氏常無觀其妙，常有觀其竅一理也。然不知又為一般人所利用，已成為混事誤人者之護身

符，社會之偽亦為非輩所造成。自外涉交遊幾近 40 年，每感社會中僅有「戲法」之一術不許比毫將就，戲劇亦不許門外漢任之，但其間之伸縮應有別論，餘者不識。至所謂對人含蓄，以為應視對方而施，似不應無理之客氣，如先賢之敬事而信，節用愛人深所樂從，若善交久敬之篇不願聞也。學問道德則不敢當，研究道德願附其驥尾矣。

所謂道者乃混元、錯綜不二之真理也，亦即合理與否，合理即為道，不合理非道也。非玄奇之事，亦非世之俗酸文人動輒引經據典故事神奇之為道也。尤非性情怪癖，假作瘋狂偽佛老之學以求貌異者，所能夢見大道之門牆也。如對社會認識不足，只好不談其他。

問：前云戲劇中尚有不少有本之處，較一般拳學高一頭地，但不知君有何本出此言，愚以為此點批評未免失當。

答：戲劇原為補助教育之不足，武功都木拳道而來。拳中原有「起拔」訓練，為試力功夫之一。夫「起拔」者為求頭頂兩足重心之樞紐力，使身體均整放大，與宇宙合為一體，故名「起拔」之鍛鍊。戲劇誤名「起霸」，然觀其姿態與理論之取意，雖不中亦不遠，所以知其有本。至求美觀博人愛悅之各種姿勢，皆偽造也。今之拳家所有姿勢未見一式而能得其均衡者，且多老馬少駒，反效偽幼，尚有不可能者矣，更何能窺見武道深邃哉？

問：近請道者料不乏人，不知先生感想如何？

答：日來承各界見教者雖不少，然都是好奇之士，所論於拳學多不相干，至同道來訪者而都不是余之所希望者。

問：先生所希望如何？

答：余雖不才，甚願訪者盡量問難，研討拳學究竟如何合理與人生之重要關係及注意武道之真正精神之所在。技擊雖係未技汛事，然結果非由此不足以為證，故亦願作友誼的

比較身手。日來瑣事較繁，故來賓未能一一親自接見。余有愧，故擬今後在星期三、五兩日下午一時至六時亦為接待時間。

問：先生此舉，同仁對之如何？

答：余已抱定不顧笑罵不作神奇的倡導，以究學之真正要義，永持利他主義，不患無人不來賜教或就教者。所患者，名家高手不肯前來觀摩研討，恐難博拳學成功之希望矣。總之，但願拳學之進展，改善社會武道之目標，一洗積習，則其他非所計也。

問：自前次報紙發表談話後，轟動一時，度必不乏來訪者，其中有無同道？

答：承社會之不棄，相願者確不乏人，而來訪者多係就學之士，同道中僅豐臺盧志杰、邵澤邠二君欲作推手，內行所謂「聽聽勁」而已。餘無其他，更無一個肯作實地之研討。蓋推手一法，僅拳道之一局部，非余所歡迎者也。至於北京之名手專家，並無一人肯來見教，實出余意料之外，未悉我同仁何以吝教若是也。抑余從來所重者，為武德，故以禮讓為先，然亦有限制，即年老者讓，謙和者讓，技弱者讓。若以余言為欺，請詢曾經來訪者便知。如盧君初來訪時，略作推手以為技僅如斯，故不肯降心服氣，繼而屢次駕臨，始知相差甚遠，今則一變為忠實信徒矣。

問：武術先輩，先生所服膺者有幾人？

答：查拳術先輩近百年來，捨董海川、車毅齋、郭雲深諸師尊外，餘皆旁枝末節而已。但我國地廣人眾，道中人余未結識者尚多，不敢妄加評論。

問：世人常云有楊露蟬者，其學如何？

答：露蟬先生亦為拳學先輩，工太極，今多學之。余據各方面觀察而論，露翁僅得此道之一部分，即明王宗岳先生

亦非通家。不過宗岳先生得岳武穆雙推手之局部，以三拳而變為十三式，至於命名太極，以為張三豐所傳實無從考證，抑世人之一種附會而。如百四、五十式之多則更不知其所以由來。就該拳之作法論，於肢體上僅僅不生流弊，而精神上卻受無限損失，距實作之學相去尚遠，不足道也。

問：報端屢次發表拳論，同道中對之有何表示，曾有何聞否？

答：同道中明哲之士無不接受。至其甘抱殘守缺及是非莫辨者，只好聽之而已。即使能知都不易行，況根本是非難明者乎？然一般拳家既以鍛鍊身體為口號，技擊二字絕口不談。就此點看來，亦可知同仁現在亦漸有覺悟，不過以拳套工作之法，認為拳學之原則，實謬誤極矣！余最注意者蓋即此也。至於技擊之道，與之相較，則分量較微多矣，夫養生之道，是在凝神養性，思與虛靈成一體，所謂身心性命之學也。如這麼一招，那麼一式，前竄後跳，實難夢見養生之門。蓋養生實為簡易，人之本性是愛天然無拘自由之運動，一切本能亦俱因是而發。如每晨於新鮮空氣中，不用一切方法，僅使渾身關節似曲非直，著想天空，任意慢慢運用，一面體察內部氣血之流行，一面體會身外虛靈之爭力，所謂神似游泳者是也。而精神體質舒適自然，非但不受限制，而大自然之呼應也漸有認識，久之本能發而靈光見，技擊之基礎不期自備矣。如總拘泥機械之運用，弄杖舞槍求美觀，以為能武之榮耀，殊不知識者一見，可作十日嘔，誠冤哉極矣，且終身不能悟也。

問：先生意在研究真理、發揚武術，何以訪者如何之少，其故安在？

答：此事甚解難索解。據敝人揣想，吾國武術界中，賢者固多而不肖者尤夥。凡習某一派者，若練多年，自以為造

詣獨深堪稱某派傳人，挾此足可以與社會往來，且可得以解決生活問題。一旦使之盡棄其所學從頭學起，情實難堪，而生活問題恐亦受其影響，關係個人前途利害，既如此之大，亦無怪訪者之稀少也。所最不幸者竟有一般無識之徒，既不敢較長論短，乃妄造蜚語信口雌黃，以自掩其短，社會人士不加細察，受其愚學者實在不少，是為可惜耳。此層障礙不去，吾國武術絕難望有長足進步。

問：先生為武術先進，既抱有決心，更望持以毅力，武術自不難有精進之日。

答：此言甚可感，余自當盡個人最大之努力，成敗毀譽，不敢計較，而唯一目的，即在如何可以使拳學得以進步。於此敬告同仁，技擊本係末技，然世人多以技擊之高下。為拳術之定評，故擬有二種研究方法，如願研究一舉一動究竟如何為適當，則余無任歡迎，若願作技擊及推手，亦無不可，以此範圍寬廣、訪者或可增多，不致進退維谷矣。果來者如有微長余定極力為之宣揚解說，倘無可取余決緘口不談。蓋談亦不能使之領悟也，甚希望來友盡量問難，以期互相切磋，謀拳學之進步。凡我同道，皆負有光大拳學之責，萬不可以個人之關係，誤此重大前程。果於大體有益，個人縱受任何犧牲，亦應捨小以成大。敝人抱此決心，倘有高明之士，技能品德皆為所欽，余願附尾以佐之，更望同仁不以菲材見棄，移尊賜教，彼此觀摩。倘拳學藉此而精進，豈個人之幸，而天下後世得其賜多矣。

記者與王君傾談至此，當時已晏，乃互道珍重而別。

王薌齋在王玉芳十三歲時所增功法

王薌齋

再若詳細分析現在的運動都是以青年為對象而設，忽略了四十以後的壯年人和老年人，實際上惟有四十以後的人學識充足正經驗豐富，才能在國家社會中擔當重要的我族，忽略了這些人的正當運動就是忽略了這些人的健康，對國家是極大的損失，以運動的原理來講，「靜敬虛切」是習運動的要訣，同時還要運大深憩的精神來培植他的筋骨，對不許用氣心臟博動不許失常憑膜不許稍緊，都要常識豐富的人方易體驗，至六十歲以後的人若未技擊深造似不太易，欲求身心的健康列寬處難事，學習運動大致不外三個目的（一）求衛生使身體健康（二）講自衛（三）求理趣。求衛生便身體健康是最容易的，祇要舒過自然輕鬆善力運身體躺在水中或空氣中睡覺就大丰成功，若矯揉造做甚意別為列往各攪亂神經銷磨對日再要激烈的橋起來列俗將受害而影响健康和生命。

運動的佳果能使身體健適強一步就要講自衛術所謂自衛不外是「希望其體遇」不倒受外敵侵害的時候伸出一拳或半日即刻壓倒

群眾若習做到純熟神化的境地更有不可思議和話言難以形容

之妙。

但是自衛與衛生有不可分離的聯繫其關係首先要身體康健從而身手敏捷力量通人方法巧妙才能適意而行可是要想增長力量雖不可用力一用力反促有增長力的市望要求身手敏捷愈

作迅速錄练對以不可為最好若是覺得枯燥乏味意二項累難

支也不妨補事為作可是要知道大為不為小動小動不多不為動

時要得有為手不得不止手不得不為之意布昻祇許有動之因不

許有動之果愈慢愈好這樣才可能逐漸的练会到四肢百骸各

種細胞的之作介不致使练認模糊滑过這是学動的最簡単的

條件俟若要求速度的美觀表示霊敏不惟直毫無所得反根本

消滅了乎耶差。

地为方法巧妙以強敵那更得要任何言法不許有要是有了人造的方法

参雜其間可就把萬支乞窮束能的妙用弄淨。

这種拳的運動極簡易一目了然牧芸種極快不过须要不用腦力不用

氣力不單於運動極省何时间善慣生活的好習慣方可奏效而有益

於身心若想尋要花樣示強威必得俟年所成

再若詳細分析，現在的運動都是以青年為對象，而忽略了四十以後的壯年人和老年人，實際上惟有四十以後的人學識充足、經驗豐富，才能在國家社會中擔當重要的職務。忽略了這些人的正當運動就是忽略了這些人的健康，對國家是極大的損失。以運動的原理來講《靜敬虛切》是習運動的要訣，同時還需要渾大深懇的精神來培植他。如運動時不許閉氣，心臟播動不許失常，橫隔膜不許稍緊都要常識豐富的人方易體驗。至六十歲以後的人若求技擊深造，似不太易，欲求身心的健康則實死難事。

學習運動大致不外三個目的：（一）求衛生使身體健康；（二）講自衛；（三）尋理趣。

求衛生使身體健康是最容易的。只要舒適自然輕鬆無力，渾身像躺在水中或空氣中睡覺，就大半成功；若矯揉造做蓄意別為，則徒然擾亂神經消磨時日，再要激烈的搞起來，則終將受害而影響健康與生命。

運動的結果能使身體健強，進一步就要講自衛。所謂自衛，不外是希冀倘遇不測受外敵侵害的時候，伸出一拳半足即可壓倒群流，若習做到純熟神化的境地更有不可思議和語言難以形容之妙。

但是，自衛與衛生有不可分離的聯帶關係：首先要身體康健，繼而身手敏捷、力量過人、方法巧妙，才能適意而行。可是要想增長力量，切不可用力，一用力反沒有增長力的希望，要求身手敏捷，動作迅速。鍛鍊時，以不動為最好，若是覺得枯燥無味，或是煩累難支也不妨稍事動作，可是要知道大動不如小動，小動不如不動；動時要得有動乎不得不止，止乎不得不動之意，亦即只許有動之因，不許有動之果，愈慢愈好，這樣才可能逐漸的體會到四肢百骸各種細胞的工作如何不致使體軀模然滑過，這是學動的最簡單的條

件，倘若要求速度的美觀表示靈敏，不惟毫無所得反根本消滅了希望。

他如方法巧妙以制敵那更得要任何方法不許有，要是有了人造的方法參雜其間，可就把萬變無究本能的妙用丟淨。

這種拳的運動極簡易一目了然，收穫極快，不過須要不用腦力，不用氣力不單獨消磨若何時間，養成生活的好習慣方可奏效，而有益於身心，若想著耍花樣示強威，必將終無所成。

意拳功法三十一式

王玉芳

一、撐抱式

站樁功基本間架，全身自然直立，氣靜神怡，應戴天覆地與天地合一頭居人體最高處，為一身之主宰，不宜傾斜，周身舒展，微有挺拔之意。橫步展開時，兩足尖向前平行站齊與肩寬，不可前後參差。腳心涵虛不可吃力，如果足用力，則站不穩，心頂於頭，氣機受阻，全身關節不靈，焉能求其穩定；臀部略向下坐，似坐高凳，膝關節微有彎曲，小腹常圓，雙手慢慢長移至胸前，高不過眉，低不過臍，鬆肩墜肘，腋半虛，臂半圓，雙手距胸一尺左右，手心向內如抱球狀，手指分開而微曲，兩手指相距二、三拳遠。心窩微收，頭直目正，面部似笑非笑，牙齒上下銜接，不要用力扣合，舌尖似頂非頂，自然為主，呼吸求自然，嘴微張露一縫隙，以達到舒適為原則。

遠望眼前景物好像為輕霧所遮，隱約可見，或兩眼輕輕閉合，要精神內視，「收視聽內」，切忌意守眉心，靜氣聽極遠處微細的聲音，由近到遠，漸漸就聽不到了，感到耳邊有聲響，就像下雨一樣作響，這就是先父王薌齋講的「斂神聽微雨」的意思。

圖1　撐抱式

圖2　浮托式　　　圖3　渾元式　　　圖4　矛盾式

二、浮托式

兩腳同前式，兩膝略彎，最大彎度前不過腳尖，臀不過腳跟，兩腳力量平均，全身重心置於兩腳中間。兩手提於肚臍左右，臂半圓，腋半虛，鬆肩墜肘，手心向上，十指分開略彎曲，雙手手指相對，距離三拳左右，似托一個氣球。頭直目正身直，臀部似坐高凳，目似閉非閉，自感全身飄浮，有虛靈挺拔之意。

三、渾元式

身體直立，雙腿站成丁八式，雙臂提起，小臂下落，手心向內，十指分開，雙腕用力，手指用意下指地，設想自己如千年松柏之勁立，兩足穩如生根，不怕颶風吹動，因而站如松，適合體強加力者。

四、矛盾式

設想自己如千年松柏之勁立，兩足穩如生根，成弓箭

圖 5　扶按式

圖 6　陸上行舟

步；撐肘，目從虎口遠視，此間架講求，形、意、氣、力相合。

形（姿勢）和意（意念活動）二者不可偏廢，才能收到靈活適宜的配合。

五、扶按式

兩手提於胸前，閉目，手心向下，如按水中氣球，身略前傾，上下有浮動之感，要以腰為軸左右劃弧，要緩動 2～3 分鐘一個單程，設想自己下半身泡在適應本身舒適水中，水從四面八方緩緩向身體沖撞。任其自由搖擺。

六、行走式（陸上行舟）

身體直立，目視遠方，雙腿略曲，兩臂自然平展，鬆肩撐肘，手指前伸，抽胯出腿，左腿向左旋轉約 45°，左腳著地，右腿同左腿動作一樣，轉換動作，雙手掌似按兩個大氣球，隨身緩緩滾動，隨機前進。

圖7 坐式（一）

圖8 坐式（二）
雙手累可放大腿根

七、坐式（一）

身體直立，端坐椅邊，兩膝自然分開，膝曲約90°，雙手撐起似抱球狀，鬆肩墜肘閉眼，嘴微張，似聽百鳥爭鳴，視青山綠水行舟坐船上，猶如春風徐徐吹拂。

八、坐式（二）

兩手放於臍部左右，鬆肩墜肘，距胸遠不過尺，近不貼身，十指分開，似抱球之意，不用力，也不讓球跑掉，似有鬆緊帶套在手上，上下浮動，亦可用手輕輕揉動，兩腳分開比肩寬，兩腿微曲放鬆，兩腳跟著地。

閉目、靜想面前優美風景，面部似笑非笑，如雜念叢生不易克制，則聽之任之，來者不拒，去者不留，還可靜觀活動，好似高空思明月，遠方傳來悅耳歌聲，逐步進入迷離忘我之境界。

圖9　坐式（三）

圖10　坐式（四）

九、坐式（三）

　　兩腿前伸，兩腳平放著地，腳距比肩寬，雙手自然平伸，似放於水面，手心向下，十指分開，似夾非夾，用意不用力，才能做到意到力即到。

十、坐式（四）

　　身坐椅邊，兩臂左右分開，自然抬起，高不過眉，十指分開，似夾非夾，似推物狀，閉目養神，意貫全身，兩腿分開，兩腳平放，略比肩寬，兩臂也可自然輕放腿上。

十一、臥式（一）

　　兩臂抬至胸前，鬆肩撐肘，肘離床面半尺左右；十指分開略曲，似有鬆緊帶相連，用意撐拉兩臂，兩膝提起，腳跟著床，累時雙腳平放床上，肘部著床，閉目似睡。

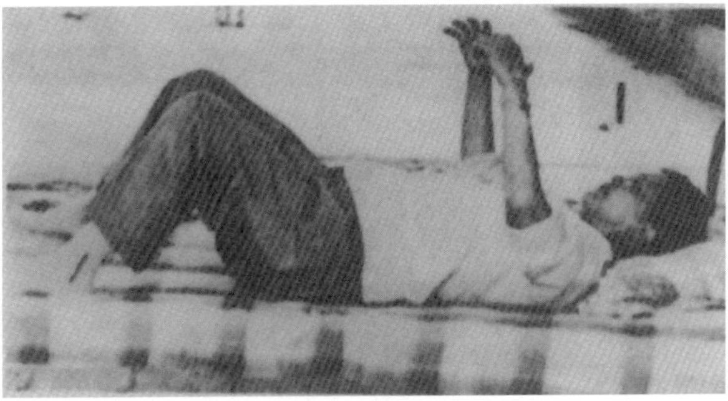

圖 11　臥式（一）

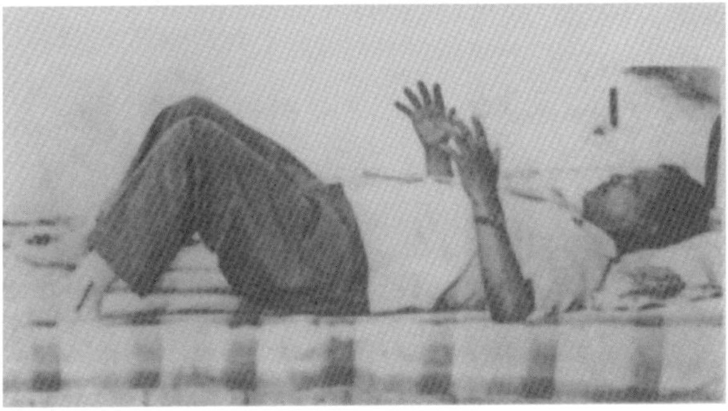

圖 12　臥式（二）

十二、臥式（二）

曲身仰臥，枕頭高低相宜，兩臂抬至胸前，鬆肩撐肘，肘似貼床，十指分開撐夾，手心向腳，兩膝提起彎曲約 45°，腳跟著床；累時兩腳平放下踏，肘部下落著床，反觀內視，心胸浩瀚。

十三式、臥式（三）

身體仰臥，兩腿平伸腳距約小於肩，閉目，嘴微張，雙手貼於腹部，然後兩手輕輕抬起，自上而下按摩丹田區域；

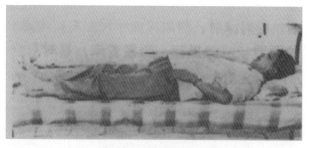

圖13　臥式（三）

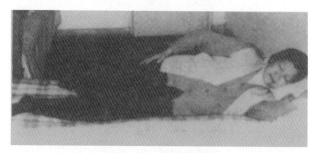

圖14　臥式（四）

累時如仰臥水中蕩漾，體會自身似被大氣包裹，合為一體，達到入睡狀態。

十四式、臥式（四）

右側臥式，兩腿微曲，左腿放在右腿上，左手放在左腿上，右手曲放枕旁；設想自身臥於溫水池裡浮動。靜聽風吹樹葉沙沙響，似有房檐流水滴達聲，不知不覺蒙蒙入睡。

十五、扶物式

雙手扶物，兩手一上一下，腳站成丁八步，或一前一後，前腳平放，後腳蹺起，累時可輪流倒換，上體向前略傾，也可左右傾斜，閉目，意念猶如腳似踩棉花包，自覺全身輕靈；從頭部向下體逐漸放鬆，先由頸項、兩肩、兩臂、

圖 15　扶物式

圖 16　雙側揉球

圖 17　單側揉球

兩腕、兩手、胸背、腰腹、胯腿腳一直到腳趾，如此上下循環不已的反覆進行，慢慢細心去體會，萬勿急躁。

十六、雙側揉球

設想自己的兩手扶於飄浮在空間的氣球上，雙手變化玩球，球欲脫手起飛，渾身要腿足提縮，進退捲臂，追捉不捨；總之身體與球處於動態之中，有欲動又欲止、欲止又欲動之意。

十七、單側揉球式

兩足站成丁八步，兩臂抬起在胸前，兩手相距約 2～3拳，十指分開，手心相對似揉一球；目遠視，左手在前右手隨後，要領是左手背向外撐拉，右手隨著左手推，推到前方時，雲手換位，右手背向外撐拉，左手隨著右手推，左右兩手反覆互換，慢慢轉動，臂半圓，腋半虛，前進後退或原地活動都可。

圖 18　丁八式

圖 19　金雞獨立

十八、丁八式

身體直立，精神集中，目遠視，虛靈挺拔，腳站成丁八步，兩腳距離與肩同寬，撐襠、兩膝分爭，三夾兩頂（三夾：大腿跟夾，膝窩夾，腳脖子夾。兩頂：膝蓋頂，足趾頂），前腳著地，腳跟略抬起，後腳吃力（前四後六，或前三後七）指的是腿的擔負力量，雙手抬至胸前，手心相對，十指向前。

十九、金雞獨立

身體直立，精神集中，雙臂抬起，手心向下，平放胸前，三分撐七分抱，十指分開，似按水中氣球，虛靈挺拔，臀部似坐左腿抬起，腳向外蹬，腳尖稍向回勾，右腿彎曲，臀部和腳跟成直線，目向前視，兩腿可輪換，時間以不超過自身負擔為宜。

圖 20　加力降龍

圖 21　降龍式

二十、加力降龍

　　兩腳大步分開，身體前傾，前腳腳尖向外橫平放，前腿弓，後腿繃，兩臂分撐；一手向前似推物狀，一手向後成搓按式，頭向後扭，目視後手虎口，精神集中。

二十一、降龍式

　　見加力降龍式，動作減小，神意要足。

圖 22　伏虎式

圖 23　舉手式

二十二、伏虎式

身體直立，大步分開，形如丁八式，前四後六，前腿弓，後腿撐，三夾兩頂，兩手在膝蓋上部，兩臂撐抱，似捉一虎，左手提抓，右手搓按，頭帶動全身，目向前平視，精神集中。

二十三、舉手式

身體直立，兩臂輕輕抬起，高不過眉。十指分開，似夾非夾。腕略用意，似推物狀。兩腿似曲非彎。背部似靠。胸略虛含。頭直目正，凝神定意。嘴微張，意念要有內三合及外三合之感（內三合即心、意、力合；外三合即手、腳、膝、胯合）。小手指和腳趾，似鬆緊帶相聯繫，肘尖和膝蓋相聯繫，肩和胯相聯繫，下肢似有木竿撐，鬆緊相兼，需細心體認。

圖 24　開合式　　　　　　　圖 25　分爭式

二十四、開合式

自然站立，成丁八步。以手行之，用肘帶手開合，手指內扣勾拉，似拉彈簧。頭帶全身活動，收之意無斷續，兩手中間存在放縱張力。

手掌如觸球體，抗推壓擠中間空隙，如此不斷轉化，久之便虛中求實，吞吐，開合即在其中。

二十五、分爭式

頭要撐撐頂縮，肘似橫，手腕勾錯斂抗，抽胯提坐，撐膝，手往後拉，力量放遠，手拉前指，力量則後來。

全身處處都有逆力，動時要給自己設立阻意，大小關節才無處不爭，總之在多種力量的分爭中，求統一。

圖 26　前後分水式

圖 27　陸水行舟式

二十六、前後分水式

兩足站成丁字步，膝微曲，雙手不要高過胸，兩臂分開，手心向前，為前分水式。手心向後，拇指向下，肘帶小臂後撐者為後分水式，全身放鬆，似在水中游泳，此式要穩緩。雙腿可倒換，要用意來領會。

二十七、陸水行舟式

頭直目正，目視遠方。兩臂分開，鬆肩撐肘，十指分開，似夾物狀。兩腿一前一後（丁八式）前腳落實，後腳似在泥中拔起，腳脖子有如雜草牽拉之力，當後腿變為前腿伸出的時候，腳掌平離地面，似搓小球，緩緩向前滾動，兩腿前後倒換，不斷前進後退；膝上領，腳下隨，緩緩向前運動時，要用意、手示意；腕如軸，小臂帶大臂，頭領全身，小腿帶大腿，腰如輪軸帶後腿，兩腳交替，不斷推動前進。

圖28　蜻蜓點水

圖29　神龜出水（一）

二十八、蜻蜓點水

身直立，面向前方，利用手的彈力斜面展開雙臂，腳隨雙臂動作幅度自然前伸，穩踏重心，用腕帶動手指，似按水中球，兩腳總是一實一虛，起落自由，隨意念掌握。

二十九、神龜出水（一）

設想自己身體如浸水中站立，如圖所示以分解動作如下：

縮身若有鑽提放縱之形，同時雙臂得勢揚起，呈環抱狀，臂半圓，腋半虛，雙手變化，搜索裏其力抽胯下坐，重心移向後腿足。

三十、神龜出水（二）

捲身催胯，以腰為軸，螺旋揚其身，如龍出水，同時頭身手足肩肘膝胯，大小關節同時牽動，重心前移，雙臂與身成反向運動。

圖30　神龜出水（二）　　　　圖31　神龜出水（三）

三十一、神龜出水（三）

　　兩足重量，前四後六時，雙手如按水面之球，頭帶全身起伏，要均整，氣貫一致，目視汪洋大海，顯示出波瀾壯闊之勢。

站樁功概述

王玉芳

　　意拳（又名大成拳）拳生樁（即站樁功），是一種體育保健運動，又是一種醫學治療方法。從這個意義上說，它不是靠藥物、手術或針灸等外界因素來達到健身治病的效果，而是由調節大腦神經，促進體內血液循環和新陳代謝，充分發揮個人的內在因素，預防或戰勝疾病。它具有簡、便、驗、廉的特點，在多年的臨床實踐中，取得了顯著的療效。

　　意拳養生樁，起源於我國古代的養生導引法，是我國勞動人民在長期與疾病的搏鬥中積累的經驗結晶。作為一種保健、醫療方法，有著悠久的歷史。

　　早在春秋戰國時期，《莊子·刻意》就說：「吹呴呼吸，吐故納新，熊經鳥伸，為壽而已矣。此道引之士，養形之人，彭祖壽考者之所好也。」《黃帝內經》則將「導引」為一種醫療方法記載下來，認為它「提挈天地，把握陰陽，呼吸精氣，獨立守神，肌肉若一，故能壽蔽天地。」可見這時已形成以「導引」來治病、健身、長壽的專門之學。他們把呼吸運動稱為「吹呴呼吸」、「吐故納新」，而將軀體運動歸結為模仿動物的形象和姿態（熊經、鳥伸），這已經孕育著以後的站樁功（保健、治病、長壽）。

　　秦漢之際，劉安的《淮南子·精神訓》已將導引發展到熊經、鳥伸、鳧精、猿躍、鴟視和虎碩等六種術式。崔寔的政論也提到「熊經、鳥伸」和「吐故納新」在強身延年方面的作用。漢魏之際著名的醫學家華佗繼承的前代有關導引的

理論和實踐，歸納定名為「五禽戲」，即虎戲、鹿戲、熊戲、猿戲、鳥戲，比較全面地概括了導引法的特點，對後來的醫療保健都起了推動作用。

他敘述探討了導引的理論：「動搖則穀氣得消。血脈流通，病不得生，譬如戶樞，終不朽也。」「為導引之事，熊經鴟顧，引挽腰體，動諸關節，以求難老」。具有樸素的唯物辨證法的色彩。

1973 年西漢馬王堆三號古墓出土了一份西漢初年的「導引圖」，從帛畫上不同態的 44 個人物形體上看，漢代的導引療法已和後來的站樁功有著不少共同之處。當然，這種方法除用於保健和治療外，也被一些神學家和方士利用，給它披上神學的外衣，作玄學的解釋。針對這種傾向，東漢學者王充在肯定導引的實際價值的同時，對於道家長生不死的荒謬作了批判。另據文獻記載說，曹操很重視導引，曾和養生家皇甫隆作過專門探討。

魏晉隋唐以後，有關導引的專著很多，名目日漸繁多，象葛洪的《抱朴子》一書中就記有龍導、虎引、熊經、龜咽、燕飛、蛇曲、鳥伸、天挽、地仰、猿據、兔驚等名目。隋朝醫官巢元方等人編定的《諸病源候論》也輯錄了養生方導引法等專著的大量文字，對醫療各種疾病所應用的近 300 年的導引術式，作了詳細說明。

導引在漫長的流傳過程中，逐漸生出不同的保健治療流派，意拳養生樁，即為其中之一。近代意拳養生樁奉岳飛為其祖師，雖無文獻依據，不敢肯定，但大體能反映它的形成時代。

千百年來，站樁功多流傳於武術界，普遍被作為習拳的基本功來看待，某種程度上掩蓋了它在醫療、保健、長壽中的顯著作用。加之它是口授身傳，流傳不廣，到清代所傳之

人寥寥無幾。目前有據可循的是清戴龍幫傳李洛能，李傳河北深縣郭雲深。郭老收徒不多，因家父王薌齋與郭老是同鄉親戚，又是師徒，關係至深，親如父子，故將站椿功絕技及其中奧妙，口授身傳於他。

先父王薌齋 1886 年 10 月 27 日生於河北深縣，1963 年 7 月 12 日病故於天津，享年 78 歲。他在接受了郭雲深老師的秘傳後刻苦努力，以畢生精力致力於站椿功的理論研究和保健醫療實踐，鑽研古籍，尋師訪友，在養生一道中吸取各家之長，改革創新，數十年如一日苦心經營，最後總結而成站椿二十四式，形成意拳養生椿（即站椿功）的完整體系。解放後，他先後任北京中醫研究院、保定中醫研究院的「站椿功療法」顧問，為新中國的保健醫療事業作了有益的貢獻。

我自幼隨先父王薌齋習拳，專攻站椿功，在近 40 年的保健、醫療實踐中積累了一些經驗。1960 年經國家體委鑒定後，曾先後在海軍醫院、華僑委員會、保定中醫研究院及北京市體委各站椿功輔導站教授站椿功，多年來接受站椿功醫療的病人受益者不計其數，甚至一些醫藥無效的疑難病症，也取得了神奇效果，受到黨和國家的重視，人民群眾的歡迎。

自 1963 年以來，《健康報》、《體育報》及國家體委內部刊物，先後專題刊登和報導了站椿功的療法要點及作用。至於國際上，對站椿功的研究和實踐，近年來亦有很大發展，日人澤井健一，30 年前曾隨先父王薌齋習拳，回國後不僅將站椿功傳授給日本人，而且傳授給外國人，取得了顯著成效。1976 年，日本出版了他的《實戰中國拳法——太氣拳》，將站椿功作為拳的基本功訓練來論述介紹。美國近年來研究的「生物回授」療法，主持人即是從日本學習站椿功的。西德在所謂「心理訓練」中亦夾雜運用了氣功及站椿

功，取得了保健及醫療效果。

總之，意拳養生樁是中國醫學和體育運動兩方面的一份珍貴遺產。研究和總結意拳養生樁（站樁功）的保健、醫療經驗，推陳出新，古為今用。以發揚我國醫學、衛生和體育運動的傳統，在今天有著極為重要的意義。

我相信意拳養生樁（站樁功）的推廣和研究一定會為人類的健康，為中國的現代化建設做出應有的貢獻。

站 椿 導 論

王玉芳

　　在崇尚科學、追求自然健康的今天，站椿療法以其具有的科學實用、安全有效、簡單方便的特點為人們所重新認識，並愈來愈受到人們的喜愛，它必將成為 21 世紀人類鍛鍊的方法。人人都有慢性病，世上任何良醫好藥，神通廣大的氣功師，至高無上的救世主，統統都不如您自己覺悟，奮發圖強，向自己要健康。

　　早在二千多年以前，已經明白無誤地被中華醫祖黃帝清楚地記載在人類最偉大的醫學聖典《內經》之上的「提挈天地，把握陰陽，呼吸精氣，獨立守神，筋肉若一」，就是站椿。它是中國醫學與拳學相結合的一種最好的醫療體育運動，應用自然的力量和自然生存環境（如空氣、水、陽光、天然植物等自然資源），無創傷性的拳學療法達到健康強身的目的；以微功耗的科學鍛鍊方法，最大限度地開發自身的無限潛能。

　　意拳是河北深縣先父王薌齋（1885—1963）創始的，先父自幼隨形意拳巨擘郭雲深老先生習形意拳。先父天資聰慧，勤奮好學，數年之後，即深得郭老拳學心法。郭老臨終常言「我生平所授門徒眾多，但能傳我衣鉢者，只有薌齋一個而已。」先父為了在拳道上精益求精，再訪良師益友，遍遊大江南北，名山大川幾十餘載。在此期間，所遇武林高手極多，深知各家拳法均有高深獨到之處，從中獲益匪淺。為恢復形意拳的本來面目，在上海創立「意拳」深得武術界的贊

許，50 年代潛心鑽研養生站樁，將前人不傳之秘寫進自己的著作裡。站樁是拳法的基礎，是通曉拳學最高境界的橋樑。

一、向大自然學習

大自然是天地間最偉大的生命導師。它博大雄偉、無私無畏，自然辯證；人類應該以自然為師、親近自然、回歸自然、研究自然、效法自然，大自然是無字的天書、智慧的海洋、生命的源泉。我們應該把自己的思想、情感和行為深深地扎根於大自然的肥田沃土之中，接受大自然的啟示，並參於實踐，我們定會從中受益。

萬事萬物都在順其自然的變化著，人有悲歡離合，月有陰晴圓缺，事有成敗得失，故不可因勝利而驕，為失敗而躁，逢順境而忘形，遇逆境而彷徨，自我找來種種煩惱使持樁不能放鬆入靜，心浮氣躁，意念無法集中。因持樁時以意念誘導為核心，以自然舒適得力為原則，是一種「動靜處中」、「身心合一」、「內外一體」的高級神經運動。

二、妙在本能，有感皆應

中國人為什麼能自立於世界民族之林，其一是因為我們有同洋人不一樣的科學思維方法。

西方科學，它分門別類，獨立發展，各自深入，突出個性；它注重分析，講究實證，嚴格質量，邏輯細密；它化整為零，微觀分析，科學研究無窮地小。（結構論）

東方科學，它融客觀世界和主觀世界，社會科學、自然科學和人文科學於一體。「運用合而不一理論指導拳學實踐，它是感覺世界與客觀世界的互動學說。（屬性論）

「合而不一」它不同於「一分為二」和「合二為一」，它是萬事萬物和拳學實踐的真實概括，它是我中華民族成長發展，萬代輝煌的瑰寶，也是我炎黃子孫修身養性的立身之本。

感覺世界是永遠變動著的一系列的光、色、形、聲、嗅、味和觸。它是我們每天生存的世界，我們成長在這個世界中，我們從這種不斷變化的環境中能區分出各種各樣的信息，並能適當地處理它，人的這種本領是驚人的，並有無限放大的潛能。

如：微雕藝術家，她能在豆粒上刻上一首詩。返觀他的創作過程，刀尖總是擋住他的視線，刻的時候是用觸覺良能完成的，看的時候用的是視覺。這種微動是觸覺的放大，並具有無限的潛力。再如：高明的中醫師在望、聞、問、切、診斷患者病情時，醫生總是將手指把在診脈點上。經過長期的醫療實踐，手指皮膚下面的傳感器能清晰地感到患者整體的脈象和氣血運行的變化。這又是觸覺良能的放大作用。

再如：小的時候父親教我寫毛筆字，他說，中國的書畫是最講究格調和風格的，所用的筆是軟毛的，它最能表達作者的思想屬性。即使最精美的照片也無法代替繪畫，美術字寫得再好也無法與毛筆字相提並論。

原因何在？因為前者不具有作者朝氣蓬勃的精神和獨特的風格，它不能再現人的屬性。如果寫字時你能感覺到毛筆尖與紙的摩擦力度，那時才算入門了。「細雨潤無聲」，努力站出一個有靈性的空間吧。

三、形曲力圓，虛靈挺拔

一切良能之發展需由站椿開始，習時須首先將全身間架

調整為「形曲力圓，虛靈挺拔」狀態。要內清虛，而外脫化，鬆和自然，頭直、目正、身端、頂豎、神莊、力均、氣息平靜、意念放大、發挺腰鬆、周身關節似有微屈之意，掃除萬慮，默對長空，內念不外游，外緣不內侵，以神光朗明頂巔，虛靈獨存，渾身毛髮有長伸直豎之勢，周身內外，舒適挺拔，自身覺如雲端寶樹，上下有磁力線相吸，其悠揚相依之神情，猶如空氣浴相似，然此時再體會自身肌肉細胞，動蕩不已，周身毛孔，無不有穿堂風往還之感。

然骨骼毛髮，都要支撐道放，爭斂互為，動愈而神愈足，有如勃勃生長的大樹，大動不如小動，小動不如生生不已之動，以體認全身之意力圓合，其意力能否與宇宙發生呼應，假借之力能否與空氣發生摩擦和與地心產生爭力。

良能漸發，非一日之功，操之有恆，自有不可思議之妙，然切記心身皆不可用力，否則稍有注血便失鬆合，不鬆則氣滯而力扳，意停而神斷，全體皆非，總之：呼吸一失常態，或橫隔膜一緊，便是做錯了，願學者，萬勿忽視。持椿需經歷三種境界，體認有得，方為功夫。

最後用清末大學者王國維先生當謂：凡成事者，皆須經歷三種境界：一曰：「衣帶漸寬終不悔，為伊消得人憔悴」；二曰：「昨夜西風凋碧樹，獨上高樓望盡天涯路」；三曰：「霧裡尋她千百度，驀然回首那人卻在燈火闌珊處。」

2001年夏於北京

意拳站樁功的開始工作

王玉芳

意拳站樁功是一種學術，也是一種醫療體育運動。這種運動與一般體育不同，站樁是把鍛鍊和休息統一起來的運動。站樁前先選個適宜的場地，有山、有樹和水相宜，空氣新鮮、安靜的地方。站樁前要排除大小便，衣扣、腰帶和鞋帶要解鬆，手表要摘掉。

另外，還要注意以下三點：

（1）精神集中：也就是思想達到凝神定意，掃除萬慮，目光遠望，默對長空。

（2）周身放鬆：中樞神經、四肢百骸、大小關節及五臟六腑各個器官盡可能放鬆。做到虛靈挺拔，以自然舒適為主。

（3）呼吸自然：呼吸不要人為地有意造作，氣不可提，也不要故意沉，要求做到勻靜自然，和平常生活中一樣。

意拳養生站樁功的姿勢

站樁以站式為主。常用舉手式、撐抱式和浮托式。站時身體各部位的要求：

上肢部分：雙臂輕輕抬至胸前，兩腋半虛，十指相對，相隔三拳左右。手心向內，如抱一氣球。心安神靜的情況下，似覺聽到很小的聲音，但不要去理會。逐漸形成視而不見、聽而不聞的能力。姿勢站好，所抱的那個球任何部位都

不要用力。稍用力，球將爆破；稍放鬆，球將被吹跑。既不使球離開，又不使球爆破（又不能被風吹去），這就是掌握鬆緊的意念體會。

下肢部分：兩腳分開，與肩同寬。雙膝關節微微彎曲，大腿髖胯，似坐高凳，身體重量落在腳掌上。

足部：兩足平放，似直非曲，足趾有抓地之意。

站樁是在靜止不動，體內才是真動。因為四肢已做到彎曲，運動量增大了，所以說大動不如小動，小動不如不動，不動才是生生不已的動。

站樁是既養心神，又能鍛鍊形骸，使心腎相交，陰陽互根。鍛鍊時間長了，自然會感到呼吸轉慢，深細均勻。這時會感到如醉如痴，極為舒暢，全身出汗、發熱、顫動，精神煥發，血液循環加快，氣血通暢，功能增強，改善生理，調節上實下虛，會出現打嗝，出虛恭，唾夜增多，流淚，哈欠，全身酸麻脹感，發困，頭清醒，走路如風吹，發輕，或下肢沉重，以上反應均屬正常，數日後漸漸消失。

站樁時能使大腦皮層進入抑制狀態，植物神經系統得到充分休息，肢體同時進行鍛鍊，促進血液循環，加強新陳代謝，恢復人體各個器官組織，起到治療疾病的作用。

幾十年的經驗證明，站樁功對下列疾病有顯著的特效：心血管病、癌症的防治、腸胃病、膽囊炎、慢性肝炎、半身不遂、肌肉萎縮、骨質增生、神經官能症、氣管炎、肺氣腫、白癜風，脊髓空洞、紅斑狼瘡等等。

站樁功一旦為所學者掌握並持之以恆，就能祛病健身。站樁完畢後，可以做十節動功、試力等動靜結合的活動。初步試力以手進行，但不是局部的動作，而是一處動無處不動，所謂上動下隨，下動上領，中間動上下攻。這就是整體隨合，內外相連。

站樁時首先站好姿勢，講三段九節。頭部身體下肢，要求頭直目正，身莊聲靜，五心歸一（指的是兩手心，兩腳心和百會穴）。在練功到一定程度，會感到五心歸一，亦有連心窩在內的六心合一。五盈四梢，是指五臟（心、肝、脾、肺、腎）充盈。四梢要氣足，四梢毛髮根根如戟，亦即達到四梢之意，用到拳擊上，即是達到四梢舌齒甲都如受驚時狀態，可增加真力。指心與意合，意與氣合，氣與力合稱為內三合。肩與胯合，肘與膝合，手與足合，是為外三合。久練者自可體會。實際上功力深者，精神上、身體上全能達到協調的境地。

在站樁時小腹鬆圓，走路時小腹長圓，發力時小腹實圓。需注意的是脖頸、兩手腕和兩足腕（亦稱五個脖子）不能放鬆，否則就不能保持固定的姿勢。可以說各個部位的鬆是以這五個脖子的緊力為基礎而存在的。

站樁並不是絕對的鬆，而是有鬆有緊，緊中有鬆，時鬆時緊，時緊時鬆，要做到鬆緊適度，鬆而不懈，緊而不僵。這些只有在意念中去細微體會，才能產生神念，使每個動作欲行又止，欲止而又行。尋找阻力，持之以恆去追求，為雙手試力。前向後拉，不需拙力，推時如按著手中浮球，向外推出；在回拉時，如抱著浮球。在練習到一定程度後，意念在水中的浮球似變成木球，又變成鐵球。這時仍不用拙力，拉回推出又向前推力，向後收。雙肘橫撐，手用意念進行撐裹撐拔提插頓挫，常說雙手要如鈎銼刀叉，這是試力之必求之力。蓄力由站樁而來。由實驗得知，要想增長功夫，必須練習試力，才能達到動靜相兼，效果方能顯著。

十分動功是試力的動作，應是外動內靜，全身放鬆，用意不用力，一舉手一投足之間應以感到舒適得力為原則，同時精神貫注，形鬆意緊，意緊形鬆方可增加力量，而用力則

反沒有增加力的希望。用力責氣滯，氣滯則意停，意停則神斷。站樁時求無力增長力，有形則破體，無形則神聚。應保持身體均整，站成丁八步，雙手一前一後（雙手相對亦可），意念雙手下按，如按彈簧，似將彈簧壓縮起伏。反覆試驗，不要用拙力，時間長了，無形中則可逐漸增加力量。

　　走摩擦步亦可用三角步，實際是雙腳操作，兩手抬起，指尖向前下如按浮球，身體帶動前腿，後腿跟隨前進滑行，意念腳脖子似拉一粗繩，整體帶動前行。膝蓋要有提踢扒縮之意。久練久熟，可以給技擊打下基礎。

意拳樁法及治療各種慢性病

王玉芳　孫聞青

一、意拳和樁法

意拳是河北省深縣王薌齋老先生創始的。

王老先生 1885 年 10 月 29 日生於河北省深縣，1963 年 7 月 12 日在天津病故，享年 78 歲。

先生幼年，從深縣郭雲深老先生習心意拳（形意拳的前名），遍遊中國各地，博採各拳術名家之長，提煉出來一套新的練習拳習的方法，創造了「內外一體」「意動一致」的意拳，並在一生數十年實踐中，對意拳的理論和實用有很大的提高和發展。

意拳注重意感與精神。

練習的方法，重在站樁，不講求套路和招數，無論動靜都用意來領導。

意拳兼重養生與自衛兩個方面，樁法也分養生和技擊兩種。養生樁是意拳的基本功，從拳術來說，養生樁在於變動求整，祛病健身，增強體力，為學習拳術創造條件。因為養生樁能祛病健身，所以也是一種醫療體育運動，有病治病，無病健身，這是把鍛鍊和休息統一起來的一種運動。

現在廣為流傳的樁法——站樁功，就是這種養生樁（不包括技擊樁），因此，這裡著重講的是養生樁的特點，要領和治療疾病的道理，捨技擊樁法而不談了。

王薌齋老先生五六十年代，在北京勞動人民文化宮、中

山公園和中醫研究院等地即以站椿功治療各種慢性疾病很著成效。

這裡略述站椿功和意拳發展的梗概。

二、椿法的特點

養生椿與技擊椿相同的是，在運動鍛鍊中，使人全身各個器官，細胞同時平均發展為原則，這也就是意拳椿法的特點，所以說站椿是人體自然發展的正常運動。更因為沒有任何招式、套路，在運動時，腦神經不受刺激，不緊張，能夠得到休息，也是與一般運動不同的地方。

「椿法是鍛鍊全身的功夫」，人身是一個整體，雖然分身、手、頭、足與不同部位，但不能分開來論，不能偏重某一部分鍛鍊。意拳椿法是統一意念、統一動作、統一力氣、全身同時一致鍛鍊的基本方法。

站椿雖然仍是肌肉筋骨的鍛鍊，但要身體內部起變化，故要「以形為體，以意為用，意灌全身，以精神內斂為主」。所以在站椿鍛鍊時，一切動作，意念活動都要從整體出發，從整體著想。

這是意拳椿法的特點，也是站椿能夠醫治多種慢性病的一個主要原因。

三、椿法防治慢性病的道理

這要從站椿時的三個基本要求，精神集中，周身放鬆，呼吸自然講起。

站椿時要精神集中，掃除一切雜念，什麼都不想，思想意念高度集中，使大腦得到休息，大腦皮層主動進入安靜狀

態；再加上周身放鬆，一切從整體著想，呼吸自然的調節，就能使神經系統恢復正常，而調整大腦皮層的興奮與抑制的紊亂，從而調合氣血，而逐漸恢復身體的功能，使疾病得到治療。

人體發生疾病，除了因細菌、病毒侵入人體引起來的以外，體內的「氣」受到損傷是主要的，這裡所謂氣，不僅是指空氣而言，而且包括人的生理功能。我國古代醫書中就有「百病皆生於氣」的說法，還說「怒則氣上傷肝，喜則氣緩傷心，恐則氣下傷腎，悲則氣傷脾……」。在日常生活中，由於種種原因損傷了身體內的氣，就形成了大腦及內臟功能的紊亂，於是發生疾病，而站樁則如前面所說，由於精神集中，大腦得到休息，更由於周身放鬆，從整體出發，再加上呼吸自然的調合，就能使神經系統功能恢復，調合氣血，引導氣血下降，身體功能就得以恢復正常，這是站樁能治療疾病的一般道理。

再以高血壓為例說明：一般認為，人在生活中因不良的情緒，過度的神經緊張和精神刺激等原因，大腦皮層及其管理下的中樞神經系統，植物神經系統相繼失調，而引起小血管收縮，血壓升高，遂發生血壓高病。而站樁能在精神集中後，大腦得到休息，就能恢復中樞神經和植物神經系統的功能和小血管的張力，使血壓下降，病患得到治療，這和前面講的道理基本是一致的。

站樁時精神集中，身體均整，促使血液循環均衡適應，加強新陳代謝，衝激病患，也有利於防治疾病。

站樁可以治療的慢性疾病很多，如冠心病、高血壓、腎炎、肝炎、關節炎、失眠、氣管炎等。

這種運動非常簡易，可以一目了然，收效也極快，不過須要不用腦，不用氣力，養成生活的好習慣，才能奏效，而

有益於身心，就是達到一定程度，也要用意而不用力。

這裡附帶說明一下，站樁時的情緒很重要，站樁時必須心曠神怡，精神舒暢，否則會影響站樁的效果。

練習站樁的人，不限年齡，不分性別，練習時可不拘地方的大小，隨時隨地都可以鍛鍊，所以，是病患和體弱者容易接受的一種鍛鍊方法。

四、站樁時應注意的三個基本要點

1. 精神集中（思想、意念集中）

鍛鍊時，首先要凝神定意，默對長空，目光遠望，掃除萬慮，什麼都不想，使思想意念高度集中，所謂內念不外游，外緣不內侵，最後要做到：有人、物在身邊走過或移動，也視而不見，聽而不聞。

2. 周身放鬆

要做到內外都放鬆，四肢百骸，大小關係和內臟儘可能放鬆，但是要求「鬆而不懈」，鬆是很重要的，從練習意拳來說，「鬆」要貫徹始終，要鬆到頭，「鬆」和「整」又是相輔相成的。

整體放鬆以後，可以適當用意，不過用意時不要過於緊張，要用意而不用力，否則容易有不舒服的感覺。

3. 呼吸自然

呼吸不要人為的有意造作，氣不可提，也不可故意沉，要求做到勻靜自然，和平常生活中一樣。

這和一般氣功的講氣不同，更不是以意領氣，意守某部

位可比。

　　站樁時，思想意念集中是一個主要要求，而初學站樁時，精神集中又是一個首要困難；一般是要擺脫雜念，可是極不容易擺脫，有時越擺脫，反而想的越多，這樣就影響練功；如果遇到雜念紛至，一時擺脫不去時，站樁者可以任憑思想馳騁，想到一定時間，自然就不想了，也就靜下來了；這是王薌齋老先生教拳過程中講的一個道理，可以試一試。

　　另外，站樁者有某種病患，站樁時有越靜越要想，這也要能夠忘掉患處，和上述道理一樣，越忘掉越有利病患痊癒，並且有典型的事例，可以說明。

五、站樁時身體各部位的要求

　　頭：頭要正，收頦直頸，好像有繩上提，但要似頂非頂，面部微笑，表現似笑非笑的意思。

　　足：兩足平放，意向下坐，足趾有扒地之意，足心虛涵，膝微曲而上縮，不可吃力，吃力則不穩。

　　胸腹：脊骨要自然豎直鬆肩墜肘，臀部似坐高凳，心窩微收，小腹常圓。

　　頸：要求頭直目正，面部似笑非笑，三叉神經，即可放鬆。

　　齒：牙齒上下銜啣接，但不要用力扣合。

　　舌：舌尖微捲，似頂非頂，自然為主。

　　口鼻：呼吸自然，口微張，露一縫隙，不要閉氣，呼吸方面達到舒適為原則。

　　目：兩目前視，稍向上方，遠望眼前景物好像為輕霧所遮，隱約可見，這是精神內斂的意思，如兩眼輕輕閉合，要精神內視，收視聽內，切忌意守眉心。

耳：凝神靜息，好像極遠處微細的聲音都能聽到，這就是王薌齋老先生講的「斂神聽微雨」的意思，也有助於精神內斂的鍛鍊。

六、站樁時的一般要領在姿勢

養生樁姿勢以站式為主。

站樁的時候，首先要氣靜神怡，思想集中，而後雙手下垂，自然直立，足跟並齊，足尖外分，約成 45 度，要平要穩，再將全身挺拔一下，使身體儘可能放鬆，然後兩足左右分開，兩足距離與肩等寬，膝稍曲，身體略向下坐，頭之百會，毛髮數根如線條，用意不用力，一意而會。

至於肩架安排，主要是手臂，可以因病設式，因人而異。因為養生樁是雙重樁，只要符合前述原則和要求，左右或插或抱或推或按都可以，只要兩側對稱而患者做著感覺舒適就行了。

但要注意全身不許有平面，大小關節都要六處不曲，同時如兩手輕鬆提起，要「高不過眉，低不過臍，臂半圓，腋半虛，左手不往鼻右來，右手不向鼻左去，往懷抱不貼身，向外推不逾尺，雙手變化在範圍裡。」

養生樁樁法基本姿勢有五種，雖可因人而異，因病設式，或增或減都不出此範圍，下面著重介紹兩種，這兩種樁法適於治療各種常見慢性病。

1. 按上述要領做好準備後，雙手下垂，十指有直插入地的意思，但只能用意不能用力，兩肘稍曲向斜上方微提，以舒展筋絡，並有外撐裡裹之意，肩要平，腋虛涵。

2. 兩手向上抬起，高與肩平，兩手距離在胸前，不超越腳尖，手心向內形如抱球，手指分開微曲，肘稍下垂，腋下

虛涵。

在意念中，兩手像真抱著一個紙球，如果抱緊了球就要癟了，如果抱鬆了，球就要游動，以致掉下去，可是只許用意念想而不能用拙力抱。

七、站樁的不同階段的醫療效果也不同

站樁能否取得應有的效果，主要在於練功者的信心、毅力和本身切實的體認。

站的時間久了，由於體認效果不同，也可分成不同的若干階段。

一般初站時精神不容易集中，也就是俗話說的靜不下來；有時全身也鬆不下來，或者鬆了，站一會，又局部緊了。所以，初站時要著重摒棄雜念，使思想意念能夠集中起來，同時全體放鬆，如有僵緊的感受，可以用意去鬆，只要能夠靜下來，鬆開，同時從整體去著想，上下抻開，就可以逐漸取得成果；這是一個階段。

俟手、臂有沉、漲等感覺以後，就可以適當用意去做，如手抬起，可以意念中想著抱球；如雙手外推，則可想著推抱著球體，而且推抱互為，總之，因形取意，並要意注全身，精神內斂，這又是一個階段。

待這樣做一段時間，站時按要求要領把部位肩架安排適當以後，加以意念領導，在靜止不動的狀態下，去體會。「不動之動」的微動，再由微動中去體會欲動又止，欲止又動，動無不動的動，站樁雖然是站著不動，實際上身體內部細胞仍在活動，這就是所謂身體身內部呈活動狀態，所以站樁完全在於求體內筋肉細胞的發展和血液適當的循環，而不在於探求其外形的變化與轉移，以使身體各器官能夠平均發

展，減少心臟擴大後的不良現象，這就是前面所說的養生樁的特點和原則，也就是王薌齋老先生常說的「大動不如小動，小動不如不動，不動才是生生不已之動」。有了這種動猶不動的體認以後，才能體會到增力長力，有了鬆緊的彈性力而達到輕鬆均整。從養生來講，這樣才更發揮站樁治病療效，強健身體的作用，這可以說是較高的階段。

這些都要身體力行，切實去體認，可分以下幾個不同階段，逐漸深化提高，於養生醫病來說，也是要不斷提高而不斷增進療效。

初站時，可能出現一些反應，如手、臂沉漲、打嗝、出虛恭等，這都是好現象。初學站樁的人，在站樁的過程中，還常會出現全身震顫，手臂顫抖等現象，想控制也控制不住。實際上也不用去控制，這是由於神經反映所致，並不影響心臟負擔，可以放心去做，但也不可有意去追求。

隨著站的時間加長，體認增強，逐漸走上不同階段，體會反應也自會增加；例如手臂發熱，而後由手臂及於全身，但是感覺到熱而沒有汗，因為這種熱的感覺是由於血液循環衝擊而來，與一般的氣溫上升發熱流汗不同。

站樁站的時間長了，體認反應不同，養生治療疾病的效果也不同。所以，站樁治療慢性病的效果好壞、大小，都是由站樁練功人的體認來決定的。

八、站樁前的準備和站完後的整理

站樁時首先要氣靜神怡，精神集中，而後全身挺拔一下，儘可能放鬆，這些準備活動在前面已經講到了。

初練時，在站樁的過程中，由於原則要求，要領還掌握不好，也可能出現一些不好的現象，如胸堵、肩緊、腿酸

等。胸堵是上下沒有抻開，上提下墜抻開，胸部自然舒暢，肩緊是鬆的不夠，用意放鬆，肩緊自消；腿酸是初站時間過長，肢體還不適應的緣故；所以開始可以少站，以後站的時間逐漸加長，肢體適應了，腿也就不酸了。

至於肝胃疼痛，心跳沒有減少，反而感覺加速，則是本身疾病的反應，只要堅持站下去，這此現象自會減少，以致消失，疾病也就得到適當治療。

站樁開始時還要注意取下手表，放鬆褲帶，脖頸的領扣過緊也要解開放鬆，免得影響血液循環流暢。

這裡再講一下站樁的時間，開始站樁，可以盡自己可能，站五、六分鐘，七、八分鐘以至十分二十分鐘都可以。一感覺疲累，就可以停止，保有餘力，也就是適可而止。還可以增加次數，而減少時間，按累計時間計算。總之站的次數和時間可以逐漸增加，以站完感覺舒暢為主。

站完樁以後，可以來回走一走散散步，或雙手背抵腰際左右晃一晃，還可以兩手五指聚攏，分別在左右臂、腿、上下身上輕輕敲打幾遍，都有疏散筋絡，緩馳筋肉的作用，和一般運動後的整理活動的作用相同。在站樁的過程中，如能用意拳內勁按摩腹部等部位，效果更好，這需要有人輔助，則是一般不易做到的了。

意拳樁法治各種慢性病的道理，各如何掌握樁法適用於各種不同疾病患者的不同規律，還有待於在實踐中繼續探求摸索總結，而使逐漸臻於較為完善。

「體育家，他若能給人找到一個運動的真理，使勞動的人勞力不衰，失去勞動力的人恢復其勞動力，這和直接生產財富一樣有價值」。站樁能使各種慢性病患者恢復健康，重新回到生產崗位上去，所以，進一步研究推廣站樁功是有積極作用和意義的事情。

練意拳有感

劉　濤

　　意拳練功是意字內先，而意是何物？大家都知道意是看不見摸不著的東西，而意拳的本身卻是意字。當然可想意念之重要，從自己練功多年的體驗而且意應當是能想得到，並通過練習摸的著的東西。

　　人與自身的相抗，人與大自然的相博、人與動物野獸的相遇、人與人的求生互搏鬥都需要自身的意識，自身的解決，那麼，意識透過各種環境表現出來、並經由長時間，總結出現變為一種技能及經驗而練習意拳者也是如此，意拳創始人王薌齋老先生經過了多年的實踐、體認、自身摸索總結，意念的訓練是極其重要的，並通過意念的長時間的磨練，去偽存真，集各門派之長創造新興拳種意拳。

　　意拳在訓練中要求隨有形勢，而重要的是神意。對敵時沒有一點的規律，外人看其練功不好看，並有雜亂無章之感，很多的意拳練習者，都有一種感覺，練起來好像很簡單，但真的一練又有無從下手之感，腦子裡也理不出頭緒來。一是老師的教學方法，二是自己的思維是否正確，只要平時多和明師學習，觀察其他人的動作多動一點腦子，不清楚多問，弄清各種功法的內在關係、掌握其要領，不懂就問手腳要多動、多練習。

　　常言說熟能生巧。漸漸的也不難入門的。當然當老師的也要認真細致的給學員講清楚，不要怕麻煩，要依據學員的思想，及個人的情況不同，他們的理解水平地不同，根據學

生的思想，不同點入手，是不難入門的，有了一點的基礎要善觀學生之發展，就光發現他們的手腳的思維動態，講清楚從頭到手、從手到胯、從胯到腳、從外形到內在、從意到神的整體過程，王薌齋在拳術中講過執著已身永無長處，離開已身無物可示，這些在教學中是非常重要的轉折點。

就是有了明確的思想，在下步練功中，進步是非常快的，有了生理調節鍛鍊的方面有保持身體內外的協調穩定通過長時間的鍛鍊，五臟、六腑、骨骼肌肉全面放鬆，從面才能使鍛鍊得到休息、休息中得到鍛鍊，掌握了並能體認於腦、身之中，稱之為入門，在此入門的基礎上，可進入矛盾椿法的練習過程，矛盾椿的要求在許多方面與混圓椿是一樣的，要求與表現形勢又有不同，混圓椿是雙重步法的練習，而拔擊椿是丁八步即一前一後，成丁字形八字步前虛後實（從外形而言）。四肢的要求與混圓椿的不同點是有撐、裹、擰、抱的力量，練習時要作到首先會照顧自己，即意力的方面足力的均整要求前後，上下左右、三角支撐有感內應的自我調節方法，在明師的指導下講解清楚內在的要求並對於練習中，在習拳中找到自均整之感，通過時間的推移，達到內思維、外物質相結合的體認感覺。

在此基礎上通過、試力、步法、扒手、試聲、自己實作，幾大功法訓練基礎上並能掌握其要領並在雙人的練習中達到摸勁方法，力量作用，均整使於形成意拳在實作中的風格。如有不盡之處請同仁指正。

站樁、試力與斷手運動
練法之原理

李全有

意拳站樁是利己利人的一種鍛鍊方法，也就是先得其己身，掌握要領，有一定基礎後再指導他人，這和佛家的普度眾生的道理是一樣的。意拳站樁可分為三個階段。

第一階段為養生階段，就是休養生息、自我醫療、強身健體的固基階段。第二階段為得意階段，即是進行伸筋拔骨的訓練和體認階段，經過此階段的訓練後，能體認到拳術所需要的各種力量，也就是在正確的伸筋拔骨的訓練方法的指導下應能找到真正的意動力動之感覺。第三階段為意念的發放、吞吐階段。在第三階段中，必須口傳身授，限於書面表達的局限，在此不準備多言。

意拳站樁的第二階段的訓練對以練技擊為目的的學者來說是極為重要的階段，但實際的訓練方法並不複雜。本文主要想以混圓樁法及相關試力為例並結合自己的體認，詳細介紹第二階段訓練的方法、訣竅並略述斷手訓練原理，以使習練意拳的同時能夠掌握要領，步入意拳正軌。

首先間架結構必須正確，其要領是三夾兩頂，肩撐肘橫。對於三夾兩頂的含義，以往的意拳文章都已詳細介紹過，在此不再敘述。而對於肩撐肘橫，以往的文章雖有介紹，但都未切實點明，實際上要做到間架正確，必須真正理解肩撐肘橫的拳學要義。本人自幼從學於舅王國強先生，又經過李志良、姚宗勛先生等多位前輩的指導，並且與韓嗣煌先生有同院之誼，得其理論之魂，後在王玉芳老師的多年精

力指導下逐步體會到肩撐肘橫、手指腕撐的真義。肩撐的要領在於肘，肘要有「指」意，即雙肘要如別人外拉之感覺，肘尖斜外指；肘撐的要領在於手，手要有「指」意，雙手自然分開，以食指相對為基準，手指相對。這裡的指都是意念運動，不可做成絕對化。

當做到三夾兩頂，肩撐肘橫的要領後，身體其餘部位不用去想，渾身自然放鬆。放鬆正確的體認為要有「墜」感，即如下端懸掛鉛球之繩，自然下墜，看似鬆於地面，實已墜於地下，而身體自然做到虛頂挺拔。透過手指、肘指，使身體自然相爭，慢慢體會身體牽拉的感覺，逐步找到伸筋拔骨的趣意。經過一段時間的訓練後，在站椿時能感覺到身體的兩側、肘的兩側似乎會隨著自然呼吸而動的感覺，這時兩肋已自然鬆開，通過臟腑的自然呼吸，胸膈膜升降舒展有序，人體在自然的狀態下氣血加壓，內循環加快，使得身體內外相連。

由進一步練習，能在一呼一吸當中切實感覺到指、拉、撐、抱的手部各種力量，體認到前後、上下、左右的阻力感。再進一步鍛鍊後，能夠做到在一呼一吸當中由梢節的鬆緊而感覺全身鬆緊趣意。當椿功的鍛鍊有了這些切實的體認後，再進行試力的鍛鍊，則有事半功倍之效。

在試力的練習中，慢優於快。慢的意思是在試力的練習中找到站椿的感覺，看從站椿中得來的整體力量是否能不為運動所失。具體做法是用假借的方法，將站椿所得之意與外界物質進行「溝通」，形成整體感。即薌齋先生所云「自身已具備，反向身外求」。由身體似動非動，而意念動轉的方法，去體會欲行則不得不行，欲止則不得不止，在行與止之間去玩味，進行動靜體認，動靜的轉換。經過一端時間的訓練，意感由疏到密，又有密到疏，反覆訓練必有所得。

　　試力時仍應做到肩撐肘橫、手指腕擰、上下體認，久之可得整體如鑄之感。在試力時，充分運用「意」這訓練手段來調動自身的本能起作用，使之慢慢為大腦所接受，為身體所接受。意拳的訓練由老師的口傳身授，使學生理解要領，但這並不等於真正掌握了，只有自己紮紮實實下工夫，才有可能做到實學實知，使得由意的空想轉化為實踐的真工夫。

　　體認有三大要點：內省、外觀、檢驗。這三者缺一不可。內省為自我覺察，外觀為他人對己的觀察，作為內省的補充。而檢驗則是將練功所得進行實際驗證。下面以意拳試力訓練中的推拉試力為例，來詳細介紹上述的試力要領。

　　先以樁態（丁八步）站好，有了站樁中的各種體認後，慢慢將雙手伸出，雙手形曲意直，體認在體形不變的情況下，雙手與前腳、前膝是否能做到「認」出去，「認」是意拳的術語，指的是指出去的意念，如同插入外在的物體當中。是否真正做到認的感覺，可以進行檢驗，讓外人對其伸出的兩手進行上拍、下托、左右搖晃均不能動搖其認的意念，則為有所得。然後將伸出的兩手慢慢回拉，而回拉時應注意雙手、膝、腳是否還有前指之意，如沒有則應重新再來，反覆體味，使之成為本能。

　　下一步則應進行活步練習。活步可結合摩擦步練習。鍛鍊時應周身均整，不丟不失，左右雙手伸張時，左手不奔右來，右手不奔左手去，不許有平面處，處處皆有斜面之意，無處不曲，手指腕擰，體認八方遇阻，又可齊動之奧妙，並可變掌為拳，如擰麻花。由指間變拳曲處為指，各指力如嬰兒持物，有緊捏密持鬆緊之意念。肘臂圓活，手足相應，肘部不失橫撐之意，雙肘如車輪之滾動，進退相合。在步法變換時，應體認兩臂是否得力，如不得立，則肩必不鬆圓。肩鬆力才能到達梢節，並透過呼吸做到一鬆一緊。四腕要有彈

力，使得渾得筋絡皆開展。腰胯如車輪，左右搖擺，頭頂齒扣，足根蓄力，猶如彈簧之崩力。雙手單雙互換、左右輪換。做到上述要點始稱之為試力入門。

當試力有基礎後可在老師的口傳身授下進行斷手訓練。意拳斷手講一手看一手，一腳看一腳，橫打豎撞。講究剛柔相濟，有時左剛而右柔，有時右剛而左柔，時剛時柔，柔退而剛進。光線茫茫為之方，提抱含蓄中藏生氣謂之圓。出手時，用提頓撐抱兜墜鑽裏，順力逆行，以方做圓，落手時，用含蓄纏綿滔滔不絕以圓做方為手法。

練習斷手時，應注意自己出手的作用點，意拳斷手講究以實擊實，這和一般的拳術是不一樣的，實者為手足，觀其手足，運用日常握手之原理，引誘其出手，而手引的方法必須經老師口傳身授方可明白。

截其手而擊其人和通過推手控制對方而後打擊的原理是一樣的。遇敵斷手的關鍵在於虛實互用，兩足前三後七，但雖似前三後七，暗含四六、二五步在內。兩足運動橫走豎撞為原理，雙手靈活運用，不可執著，雙手永無定用，如大活燒身之感。經過嚴格按意拳的幾個訓練步驟進行訓練，並經過實踐，在老師的指導下逐步形成自己的斷手風格。

由於文章篇幅所限，斷手的其他注意事項，練習方法、八法的運用等以後再撰文詳敘。

以上所述，為本人練拳之體驗，如有不妥之處，請意拳同仁指正。

後　記

——記王薌齋先生手稿公開發表的經過

　　王薌齋先生的意拳理論體系，成熟於 20 世紀 40 年代，王老先生在一生中刻苦鑽研、勇於實踐，在此基礎上全面繼承了中華武術的精髓，並將其系統、完善。

　　王老先生銳意改革、勇於打破門戶之規、勇於批判時人練武之陋習，對中華武術產生了深遠的影響，王薌齋先生是中華武術發展史中承上啟下、里程碑式的人物，願王老先生的拳學理論及拳術思想，指導我們後輩武人將中華民族的瑰寶——中華武術發揚光大。□

　　中國是世界四大文明古國之一，也是最早發明冶金技術的國家，是世界上封建社會存在時間最長的國家，中國的冷兵器年代長達數千年，在此社會歷史基礎上誕生和發展的中華武術博大精深、淵遠流長，其境界和理論水準之高，堪稱世界武林之巔。

　　但歷史發展到近代，尤其是當代隨著武術作為生存手段的作用下降，功利思想的氾濫，加之長期的戰亂和政治運動，中華武術的許多精華正在逐步消失，善於實戰的拳種越來越少，意拳作為中華武術的一部分，亦不能獨善其身，雖習者日眾，但通家甚少，能夠理法精湛，教習得法，身體力行者更少。有一部分習者，因自己練功不得要領成效不彰，便把一些玄秘難懂的內容引入意拳，與正確的方法越離越遠。還有一部分習者，對理法一知半解，雖終生操持不斷，亦不得功臻大成。

　　我的恩師王玉芳女士（王薌齋先生之女，意拳第二代嫡代弟子）對此深感不安，她毅然衝破傳統武人之門戶陋習，以激勵同門與同道共勉為己任，為了讓意拳更好的被後人繼承並發揚光大，責成我與師兄劉濤，將王薌齋先生的手稿全部公開發表，王玉芳老師精湛的武藝值得我們學習，她老人家寬廣的胸懷和高尚的武德更值得我們去學習。□

　　王薌齋先生關於意拳的著作，對於本門同道具有不可替代的理論指導意義，無論初入門者或練功有成者都應認真鑽研，藉以提高自己的練功水準。因生活年代的不同，王薌齋先生的拳術著作中某些語言對於當代人來說生澀難懂，甚至某些詞義與現在大不相同，望初學者積極向前輩門人請教，切不可斷章取義，妄自猜測，誤人誤己，這樣就違背了王玉芳老師的一片初衷了。

意拳第三代傳人　李全有
2001年歲末

本書編輯整理者簡介

劉　濤

　　生於 1946 年 4 月。自幼酷愛武術，師從意拳大師王玉芳女士系統學習意拳，經多年的深研苦練，全面系統地掌握了意拳拳學、功法。多年來致力於意拳的廣泛傳播，堅持意拳教學授課工作，培養了一大批武術人才，在全國武術賽事中取得了較優異的成績。

李全有

　　自小學習摔跤基本功，師從李永宗先生及舅舅王國強學習意拳。由於刻苦努力，打下了堅實的基礎。1974 年又拜李志良先生為師學習意拳，在習拳中多次與王選杰、高金力等師兄進行研討學習。1982 年開始執教，求學者數十人，在鐵道兵二師警衛排執教時培養了一批武術人才。1990 年師從王玉芳老師學習意拳，深入研究意拳拳學。

　　1994 年被北京武協通達武館聘為辦公室主任兼意拳總教練，1996 年被北京武協京西拳社聘為副館長兼意拳總教練。以「逍遙」之筆名發表《淺談意拳站樁要義》、《站樁力與神互相統一問題的看法》等文章。

1999 年 3 月應中央電視臺之邀，談武論技講授意拳的發展、宗旨、訓練方法等。期間，被三峽集團武術學校聘為常務副校長、散打總顧問、意拳總教練。經北京武協武術文史理論研究會同意，組建了王薌齋意拳培訓中心，任館長兼總教練。

為本書出版做出貢獻的第四代傳人有：

朱　江	詹朝輝	張慶明	陳　羽
趙歐陽	周文輝	柯　勝	方建偉
猴青川	軒建國	金　軼	

國家圖書館出版品預行編目資料

意拳拳學（大成拳）／ 王薌齋　創始　劉　濤　李全有　整理
──初版，──臺北市，大展，2006〔民95〕
面；21公分 ──（形意‧大成拳系列；5）
ISBN　978－957－468－440－3（平裝）

1. 拳術─中國
528.97　　　　　　　　　　　　　　　　　　　　95000542

意拳拳學（大成拳）

創 始 人／王 薌 齋
編輯整理／劉　濤　李 全 有
責任編輯／秦 德 斌
發 行 人／蔡 森 明
出 版 者／大展出版社有限公司
社　　 址／台北市北投區（石牌）致遠一路2段12巷1號
電　　 話／（02）28236031‧28236033‧28233123
傳　　 眞／（02）28272069
郵政劃撥／01669551
網　　 址／www.dah-jaan.com.tw
E - mail ／service@dah-jaan.com.tw
登 記 證／局版臺業字第2171號
承 印 者／傳興印刷有限公司
裝　　 訂／眾友企業公司
排 版 者／弘益電腦排版有限公司
授 權 者／北京體育大學出版社
初版1刷／2006年（民95年）3月
初版2刷／2011年（民100年）1月

定　價／280元

大展好書　好書大展
品嘗好書　冠群可期

大展好書　好書大展

品嘗好書　冠群可期